PAUL PORTAL

SA VIE. — SON OEUVRE

PAR

Le Docteur MARUITTE

Ancien interne de l'Hôtel-Dieu de Caen
Ancien prosecteur de l'École de médecine de Caen

PARIS

G. STEINHEIL, ÉDITEUR

2, RUE CASIMIR-DELAVIGNE, 2

1900

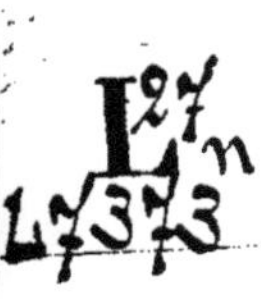

PAUL PORTAL

SA VIE. — SON ŒUVRE

IMPRIMERIE A.-G. LEMALE, HAVRE

PAVL PORTAL MAISTRE
SIMIN N.HRE A L'AIDE
Reuel pinxit
M. lafebure fecit

PAUL PORTAL

SA VIE. — SON OEUVRE

PAR

Le Docteur MARUITTE

Ancien interne de l'Hôtel-Dieu de Caen
Ancien prosecteur de l'École de médecine de Caen

PARIS

G. STEINHEIL, ÉDITEUR

2, RUE CASIMIR-DELAVIGNE, 2

1900

PAUL PORTAL

SA VIE. — SON OEUVRE

INTRODUCTION

Nous devons à M. le Dr Funck-Brentano, chef de laboratoire à la clinique Baudelocque, la sincérité d'un aveu : lorsqu'il nous proposa pour notre thèse inaugurale : « PORTAL. SA VIE. SON ŒUVRE », nous avions été quelque peu surpris. Comme la majorité des étudiants, nous avions toutes raisons d'ignorer à peu près complètement l'histoire de la médecine. Nous devions vite revenir de notre étonnement, et dès le début de nos recherches nous nous sommes persuadé qu'il suffisait d'en effleurer l'étude pour en subir le charme attirant. Plus qu'en tout autre matière peut-être, l'originalité se donne ici libre carrière ; la façon de comprendre, de présenter et de discuter le sujet choisi permet aux idées personnelles de se développer tout aussi facilement, sinon plus, que dans l'étude d'une question médicale à l'ordre du jour où l'étudiant, théoricien encore à l'état embryonnaire le plus souvent, doit restreindre son rôle à exposer de son mieux les idées d'un maître, quand il ne se voit pas contraint de répéter tant bien que mal ce que ses devanciers ont déjà dit.

Ce travail nous a beaucoup intéressé : Portal, contemporain de Mauriceau, appartenait à cette époque qui vit se transformer si complètement l'obstétrique, et l'analyse de son œuvre était d'autant plus tentante qu'elle n'avait encore été l'objet d'aucune critique d'ensemble. Placet, en 1891, avait réuni dans sa thèse inaugurale l'étude simultanée de Viardel, Portal et Mauquest de Lamotte; quelque consciencieux que soit son travail, entièrement muet d'ailleurs sur la partie biographique, il nous a paru passible du reproche, commun à tous les sujets trop vastes (et c'est aussi son excuse), de n'être qu'un aperçu incomplet. Qui trop embrasse mal étreint! C'est ainsi que la présentation du siège, la version podalique, le placenta prævia sur lesquels Portal s'est étendu si volontiers, y sont à peu près passés sous silence; des deux observations concernant des cas de môle, une seule est relatée, et la moins intéressante de beaucoup. Cette lacune, entre autres, est regrettable, nous le verrons.

En nous fixant un cadre plus restreint, nous avons été mû par le désir de faire mieux, et nous nous sommes efforcé à une mise au point aussi parfaite que nos moyens nous permettaient de l'espérer. Pourtant, en dépit de l'effort voulu, la partie biographique n'est pas ce que nous l'avions souhaitée, et demeure encore fort incomplète. L'on est trop habitué aujourd'hui à revivre presque jour par jour, dans une biographie, la vie des autres pour n'être pas tenté de nous faire le reproche de n'avoir marqué de la sienne que les grandes étapes. Les nombreuses recherches que nous avons entreprises en vue de la reconstituer sont restées, trop fréquemment, sans résultat. Les recueils biographiques les plus complets sont d'un laconisme déconcertant ; la plupart même ont préféré le silence à la banalité. Inutilement, nous avons consulté Dangeau, Saint-Simon, et les deux journaux du XVIIe siècle, si volontiers l'écho des plus menus potins, *le Mercure* et *la Gazette de France* : tous les quatre sont muets sur Paul Portal. Pensant trouver peut-être quelque document intéressant à Montpellier, nous avons mis à contribution MM. les bibliothécaires de l'Université et de la ville ; nous avons prié M. L. Naud, sous-archiviste départemental de l'Hérault, de faire, à notre intention, des recherches dans les archives de la Faculté ; ils n'ont pu que nous affirmer, avec regret, l'inanité de leurs investigations. L'acte de naissance lui-même, réclamé par nous avec insistance, n'a pu être retrouvé dans les registres de paroisse ; M. le Dr Vallois, professeur agrégé à la Faculté de Montpellier, qui, très aimablement, a bien voulu s'intéresser à notre travail, nous a ôté tout espoir en nous apprenant qu'il existe, dans les états civils du XVIIe siècle, une lacune d'une dizaine d'années portant sur l'époque qui coïnciderait à peu près avec la date présumée de la naissance de Portal. Nous avons cru intéressant de combler le vide en retraçant dans la biographie un aperçu de l'office des Accouchées à l'Hôtel-Dieu, tel qu'il le connut, et que nous avons réalisé sans peine, grâce à l'ouvrage de Mlle Henriette Carrier, « Origines de la Maternité de Paris ».

L'analyse de son œuvre nous a été plus facile ; malgré la rareté des exemplaires de la « Pratique des Accouchements », nous avons eu la chance de nous procurer celui qui avait appartenu au professeur Tarnier. Nous nous sommes efforcé à la bien posséder ; parmi le désordre de ces observations, dont les hasards de la clientèle ont seuls dicté le classement, nous avons voulu faire une sélection rigoureuse qui nous permît de grouper en quelques chapitres, ordonnés suivant nos traités actuels, tout ce qu'elles renferment d'intéressant à noter et d'utile à retenir, ne craignant pas de risquer souvent une critique personnelle. Nous avons, en un mot, essayé de faire un « Traité des Accouchements, tel que les comprenait Portal », tel que lui-même eût pu l'écrire, afin de permettre à ceux qu'intéresse l'histoire de l'obstétrique, et qui seraient désireux de connaître ses idées, de se procurer facilement et sans perte de temps le renseignement cherché. Les initiés savent certainement que, même son livre en mains et s'aidât-on de la table des matières, il est impossible d'y faire promptement une recherche de cette nature : qui penserait, pour n'en citer qu'un exemple, que la délivrance artificielle est le mieux décrite au chapitre intitulé « De l'accouchement naturel » ? Ce travail est donc le sien. Un seul chapitre, volontairement complété par nous, ne lui appartient pas en propre : c'est celui « De l'anatomie et de la physiologie des parties génitales, symptomatologie de la grossesse », dont nous avons cru devoir dire quelques mots.

L'on nous reprochera peut-être de paraître attribuer à Portal la paternité de découvertes dont il ne faisait en réalité que profiter ; le traité de Mauriceau avait déjà connu, en effet, trois éditions lorsque le sien vit le jour. Portal, comme les autres, en avait, certes, bénéficié ; mais quelle que fût alors l'autorité du grand maître, il ne craignit pas parfois d'entrer en contradiction avec lui. Eût-il donc fallu passer sous silence ce qu'il avait cru devoir garder de l'enseignement de ses devanciers, et n'est-ce pas déjà faire preuve de science que de savoir glaner dans la récolte des autres les épis qui devront le mieux germer ? Chaque fois qu'une idée nous a paru lui être vraiment personnelle, nous nous sommes attaché à produire ses titres de propriété, en groupant autour d'elle les opinions de ses prédécesseurs et de ses contemporains. Réunies, à la fin de ce travail, sous forme de conclusions, elles diront en quelques mots l'originalité de son œuvre.

Nous avons fait reproduire quelques gravures qui nous ont paru curieuses ou intéressantes. Aucune de celles que contient le volume de Portal n'a été oubliée ; *une Salle de l'Hôtel-Dieu*, et *un Accouchement au XVIIe siècle*, tirées des ouvrages de M. le Dr Witkowski, doivent à l'obligeance de notre éditeur, propriétaire des planches, de figurer ici. M. Steinheil en a soigné la reproduction comme il a soigné le texte ; nous nous plaisons à lui en rendre hommage.

Ainsi présenté, et quelque imparfait soit-il, il nous a peut-être donné plus de mal qu'on ne le pensera. Nous en serons suffisamment récompensé si, parmi ceux qui le liront, nous sommes parvenu à intéresser les plus bienveillants, et à trouver indulgence près des plus rigoristes.

Nous nous faisons un agréable devoir de remercier ici tous ceux qui, à Caen et à Paris, furent nos maîtres à l'École et à l'hôpital ; nous gardons bon souvenir de leur enseignement, dévoué toujours, affectueux souvent.

Nous n'avons pas oublié de quelle sollicitude nous étions entouré, il y a quelques mois, pendant une longue maladie, et nous en exprimons de tout cœur notre gratitude à ceux qui nous firent alors preuve de tant d'empressement et d'amitié.

La liste est longue de ceux qui, de près ou de loin, ont bien voulu s'intéresser à notre travail ; tous se sont mis à notre disposition avec trop de courtoisie pour que nous puissions songer à regretter la peine que nous leur avons donnée : M. le Dr Vallois, professeur agrégé à la Faculté de Montpellier ; M. le Dr Corlieu ; M. Léon Levillain, professeur agrégé d'histoire au lycée de Caen ; M. le Dr René Fauvelle ; M. Naud, sous-archiviste départemental de l'Hérault; MM. les bibliothécaires de l'Université et de la ville de Montpellier, voudront bien trouver ici, chacun pour la grande part qui lui revient, nos bien vifs remerciements.

Fort aimablement et avec la compétence qui lui est connue, M. Frantz Funck-Brentano, sous-bibliothécaire de l'Arsenal, nous a guidé dans la partie la plus difficile de nos recherches ; nous lui en sommes très reconnaissant.

Avec une aménité parfaite, M. le Dr Funck-Brentano, chef de laboratoire à la clinique Baudelocque, a tenu à nous diriger dans l'exécution de ce travail, nous fournissant sans compter l'appui de ses conseils. Il sait que, très affectueusement, nous l'en remercions.

M. le professeur Pinard nous fait un grand honneur en acceptant la présidence de notre thèse : qu'il veuille bien agréer l'hommage très respectueux de notre reconnaissance.

PORTAL

« Lecture faite des actes qui concernent l'examen des garçons chirurgiens qui se sont présentés pour être admis en la place du défunt Angot..., la Compagnie a décidé que Claude Portail, l'un des dits garçons chirurgiens..., devra être reçu en qualité de premier compagnon chirurgien ordinaire de l'Hôtel-Dieu. » [*Délibération du bureau de l'Hôtel-Dieu*, 7 mars 1657.]

« M. Paulus Portal, Montpelliensis, in Domo Dei magisteiium adeptus, totum se mulierum parturiensium levamini dedidit, et in hac praxi celebris effectus, observationum de ea recte peragenda collectionem scripsit apprime utilem. Obiit I Julii anni 1703. » [*Index funereus chirurgicorum parisiensium*, Paris, 1714.]

« Pour les accouchements, MM. Mauriceau, rue Neuve-de-Richelieu; Clément, rue et devant le petit Saint-Antoine; Portail et Bonnamy, rue Saint-Martin; Desforges, près Saint-Eustache, de Frades, rue Comtesse-d'Artois. » [*Livre commode des adresses de Paris pour 1692*, par A. DU PRADEL.]

Si nous avons placé ces trois extraits en tête de ce chapitre, c'est que nous tenons, avant d'entrer dans les détails biographiques, à nous expliquer sur un point d'histoire quelque peu délicat, et que nous n'avons vu discuter nulle part. Nous y voyons, en effet, le nom de Portal libellé de trois façons différentes; quel que soit le défaut de concordance, de nature à induire facilement en erreur, il n'en résulte pas moins que Claude Portail, Paulus Portal et Portail tout court désignent un seul individu, dont le vrai nom, tour à tour si volontiers écorché, doit être désormais P a u l P o r t a l. C'est celui que donne l'*Index funereus*, établi d'après les actes de décès, et l'*Histoire de la médecine*, par A n t o i n e P o r t a l, chirurgien du XVIIᵉ siècle; c'est le même enfin, et cette preuve suffirait à elle seule, que mentionne la *Pratique des Accouchements*.

Comment se fait-il donc qu'il ait été si souvent modifié ? Rien ne nous paraît plus facile à expliquer. Les noms, au XVIIᵉ siècle, étaient orthographiés fort irrégulièrement, suivant la libre fantaisie de chacun. Le *Livre des adresses*, qui l'appelle P o r t a i l, fourmille de fautes d'impression ; il donne, comme étant son adresse, « rue Saint-Martin » : c'est bien celle que nous révèle la *Pratique des Accouchements:* « chez l'auteur, rue Saint-Martin, au coin de la rue Ogniac ». Il s'agit du même personnage, à n'en pas douter. Il paraît plus difficile d'admettre que l'on ait pu dénaturer P a u l P o r t a l, à une époque où l'on attachait encore assez d'importance au prénom pour désigner quelqu'un par son prénom suivi du nom de famille mis au génitif, coutume qui devait, entre parenthèses, réserver à nombre de roturiers les honneurs de la noblesse. P a u l u s P o r t a l i s eût pu devenir P a u l d e P o r t a l; les exemples n'en sont pas rares. Se basant sans doute sur le défaut de synonymie apparent de P a u l P o r t a l et de C l a u d e P o r t a i l, Mˡˡᵉ H e n- r i e t t e C a r r i e r, dans son fort intéressant ouvrage *Origines de la Maternité de Paris*, dit que P o r t a l est cité pour la première fois dans une délibération du 21 novembre 1657. Nous ne sommes pas absolument de son avis; après recherches et réflexions, nous nous sommes persuadé que la première qui le concerne date du 7 mars 1657 ; c'est celle que nous avons en partie reproduite plus haut, et qui sera rapportée in extenso dans la biographie. Quelque grossière soit l'erreur du bureau, cette délibération ne peut vouloir désigner que Paul Portal, et voici pourquoi: sans insister sur la similitude de consonance des deux prénoms, après avoir fait, en outre, remarquer que leur pluralité était la règle à l'époque, cette délibération est la seule qui le désigne sous la rubrique : Claude Portail. Aucune ne parle de « Paul Portal », et cependant il n'est pas possible de mettre en doute qu'il ait appartenu à l'Hôtel-Dieu. Le rédacteur des délibérations ne pourrait se défendre de quelque distraction coutumière : dans trois d'entre elles, datées du 26 novembre 1660, des 21 et 25 janvier 1661, nous lisons François Mauriot, au lieu de François Mauriceau, qui, effectivement, passa à l'Hôtel-Dieu dans les derniers mois de 1660. Mlle Carrier a pris la peine de signaler et de relever cette erreur, et pense que c'est François Mauriceau qu'il faut lire. C'est incontestable en effet; ce l'est d'autant plus qu'il n'y a eu, à cette date, aucun chirurgien du nom de Mauriot. Claude Portail est une faute du même genre: la délibération du 7 mars 1657 est celle qui le nomme premier compagnon chirurgien de l'Hôtel-Dieu. Il n'y en avait alors qu'un seul : ce n'est que plus tard, et en dépit de sa désignation, que l'on décida de créer un second titulaire. Le premier compagnon devait faire, en cette qualité, un stage de six années in Domo Dei avant de la quitter, pourvu de la maîtrise; nommé premier compagnon chirurgien le 7 mars 1657, Paul Portal, si effectivement c'est bien de lui dont il est question, devait être promu maître chirurgien en mars 1663 ; et en effet, comme nous le verrons, aux dates des 21 et 25 mars 1663, figurent deux délibérations qui nous annoncent tout à la fois sa promotion et son départ de l'Hôtel-Dieu. C'était donc bien du nôtre qu'il s'agissait, dans la délibération du 7 mars 1657, et non d'un Claude Portail, qui n'a nullement existé, à cette époque, en tant que chirurgien. Ce Claude Portail eût-il vécu, eût-il été premier compagnon chirurgien à l'Hôtel-Dieu, nous devrions trouver mention de sa déchéance, dans les annales du bureau, toujours assoiffé de livrer à la postérité les plus menus faits et gestes de son existence ; il n'eût pas manqué de nous faire connaître le nom de son successeur ; nous l'aurions enfin retrouvé dans les tables de l'index funereus ; or, l'index est muet sur un Portail quelconque, et ne mentionne d'autre nom similaire que celui de Paul Portal, dans les quelques lignes reproduites plus haut.

Aucun auteur ne parle de lui comme opérateur de la taille ; il est indubitable cependant qu'il fut « *tailleur* ».

Ces explications, plus longues que nous ne les aurions désirées, leur intérêt étant, en réalité, secondaire, suffiront, croyons-nous, à légitimer notre conviction ; nous sommes prêt à nous incliner devant les preuves de notre méprise ; mais nous les pensons aussi improbables que nous les souhaitons.

Paul Portal naquit à Montpellier ; de nos jours encore le nom y est fort répandu et plus d'un titulaire doit le compter parmi ses ancêtres. La date de sa naissance peut être approximativement fixée à l'année 1630 : il fallait avoir au moins dix-huit ans pour être admis à l'Hôtel-Dieu, et il y entra en 1650. Il commença ses études chirurgicales dans sa ville natale, mais déjà Paris l'attirait, et c'est là que de bonne heure il vint les achever. Il suivit les cours de la Faculté et les leçons de Pierre Moreau au Collège de France. Mention est faite de son passage à l'Hôtel-Dieu, dans les délibérations du bureau, pour la première fois, le 7 mars 1657 ; mais depuis nombre d'années déjà, il y travaillait ; lui-même accuse la date de 1653, et tout permet de croire qu'il y entra plus tôt encore, en 1650, fort probablement, puisqu'il le quitta en 1663, et qu'il déclare dans ses observations y avoir suivi les leçons de Moreau pendant treize années. Bientôt, Portal prenait part au concours, entre les douze garçons chirurgiens, pour la place de premier compagnon chirurgien, et le 7 mars 1657, il était nommé :

« Lecture faite des actes qui concernent l'examen des garçons chirurgiens qui se sont présentés pour être admis en la place du défunt Angot, ensemble de l'avis donné par écrit par les médecins de l'Hôtel-Dieu, rapport fait de l'avis donné de vive voix par les chirurgiens et examinateurs, l'affaire mise en délibération, la compagnie a arrêté que Claude Portail, l'un des dits garçons chirurgiens, et qui a été trouvé le plus propre, sera reçu pour servir et assister, panser et médicamenter les malades dudit Hôtel-Dieu, en qualité de premier compagnon chirurgien d'icelui, au lieu dudit défunt Angot, sous la charge et conduite du sieur Petit, maître chirurgien de l'Hôtel-Dieu, pour après six années de service, être reçu maître chirurgien en cette ville de Paris », 7 mars 1657. Dès lors, il est appelé à y jouer un rôle important. Nous le voyons d'abord chargé du soin de faire les autopsies et les dissections :

« M. Forne a rapporté au bureau que, suivant la délibération du 14 du présent mois, le sieur Capon et la dame Moreau l'ayant adverti qu'il y avait une femme morte à l'Hôtel-Dieu, sur laquelle on pouvait faire commodément anatomie et dissection de la matrice, il y a donné la permission par son billet audit Portal, lequel fait difficulté d'y travailler, pour les raisons qui ont été rapportées au bureau, sur quoi la compagnie a arrêté que le dit Portal exécutera l'ordre du dit sieur Forne comme étant celui du bureau. » [*Délibér*. du 21 novembre 1657.]

« La compagnie a donné ordre au sieur Portal de faire ouverture du corps de Jeanne Moulin, femme grosse, morte à l'Hôtel-Dieu, en travail d'enfant, après trois jours de travail, ce qu'il fera en présence du médecin ordinaire de l'office des accouchées au moins, de la sage-femme et de celle qui est à présent apprentisse et non autrement. » [*Délibér*. du 19 novembre 1657.]

L'année suivante, le 6 septembre 1658, Lanier, « principal opérateur pour la taille », le réclame au bureau pour l'aider. Lanier, débordé d'ouvrage, était devenu quelque peu suspect pour avoir voulu se servir un jour d'un instrument nouveau de son invention ; il en avait fait l'essai sur deux vieillards, sans pouvoir mener à bien l'opération, « bien que les ayant tenus une demi-heure sur le banc ». Un membre du bureau, présent, Perrichon, avait dû intervenir, et par une délibération spéciale, il avait été décidé que Lanier « ne pourrait se servir de son instrument nouveau sans un ordre particulier par écrit du bureau », et serait désormais secondé par le sieur Castagnet. Consulté, Lanier, déclara que le choix ne lui paraissait pas heureux, qu'il l'avait vu opérer, et « qu'entre autres défauts, il en avait remarqué deux considérables : le premier, que la main lui tremblait, le second, qu'il tirait la pierre par secousses », que Castagnet était trop âgé, et « qu'il serait préférable de façonner ceux qui sont plus jeunes, tels que Portal, Allot et Girault, tous trois de la maison, et qui promettent beaucoup en cet exercice ». Le bureau désigna Ruffin ; Portal dut attendre, mais ce ne fut pas pour longtemps, et en quelques mois, il va cumuler. Déjà, en effet, en qualité de premier compagnon chirurgien, il avait été maintes fois appelé à l'office des

accouchées, pour seconder la sage-femme dans des accouchements laborieux. Il s'était déjà révélé, et le 15 janvier 1659, le
bureau lui confiait le soin d'accoucher les femmes vérolées.

« M. Forne a dit qu'il se présente quelquefois à l'Hôtel-Dieu
des femmes grosses qui sont malades de la grosse vérole, auxquelles la sage-femme n'ose et ne doit toucher pour les délivrer,
de peur de gaster les autres femmes en couches, que l'on peut
se servir pour les accoucher du sieur Portal qui a déjà quelque
expérience en cela ; sur quoi M. Perreau a dit que si l'on est
obligé de se servir de chirurgien en cela, il est juste, que le
sieur Petit, maître chirurgien, y soit aussi employé, s'il le
désire. » [*Délibér.* du 15 janvier 1659.]

Quatre mois plus tard, le 4 mai, il opère à la salle des taillés.
S'il dut, comme nous le verrons, se distinguer dans l'art des
accouchements, et tirer grand profit de son passage à l'office des
accouchées, il fut moins heureux dans ses tentatives de la taille.
A maintes reprises, il se vit déclarer inhabile, souvent par des
praticiens compétents dont la sentence devait lui être particulièrement pénible. L'opération de la taille était, à cette époque,
plus peut-être que les accouchements, une spécialité dans
laquelle quelques chirurgiens s'étaient fait, à Paris, une grande
réputation. C'était la seule pour laquelle, à l'Hôtel-Dieu, le
chef de service n'était pas recruté parmi le personnel de la
maison. On faisait appel à l'un des spécialistes de la ville les
plus en vogue, qui devait, à l'exclusion de tout autre, le maître
chirurgien lui-même, opérer les malades que lui avaient désignés
les médecins ordinaires. Il avait charge d'initier aux secrets de
son art les compagnons chirurgiens que, suivant les besoins du
service, le bureau jugeait bon de lui adjoindre. Aucun, toutefois, n'avait permission d'opérer sans sa présence. Malgré ces

précautions, la mortalité n'en était pas moins de 20 p. 100. L'opérateur devait travailler en public, astreint au contrôle de ses collègues, de médecins souvent mal intentionnés, ou de membres du bureau fort ignorants.

Le 4 mai 1659, Portal n'était qu'un débutant, et Blondel, doyen d'élection de la Faculté de Paris, avait été désigné pour le voir opérer. La tentative ne fut pas heureuse, car il attesta que la main lui tremblait et qu'il s'y prenait mal, premier affront que d'autres, plus cruels encore, devaient bientôt suivre. C'est Lanier lui-même qui, un mois après, le 6 juin, déclare qu'il ne veut plus opérer en compagnie de Castagnet et de Portal « qui ne sont nullement propres à cette opération », et qui, pour donner plus de poids à une décision que le bureau ne paraît pas disposé à prendre en considération, donne sa démission. C'est Gouin qui, appelé le 12 septembre à remplacer Lanier, répond qu'il ne consentira jamais à reprendre le service « tant qu'y seront maintenus Castagnet et Portal », qu'il est imprudent, étant donné leur manque de savoir-faire, de les laisser opérer sans qu'ils aient près d'eux quelqu'un de compétent. Le premier octobre, cependant, Gouin revient sur sa décision, et rentre à l'Hôtel-Dieu. A partir de cette date, d'ailleurs, nous perdons la trace de Portal à la salle des taillés. Soit sur un ordre du bureau, soit de lui-même, peu fortuné de ce côté, dégoûté par les appréciations désagréables et vexantes de ses collègues, il n'y reparut plus.

Sa voie était toute trouvée, ailleurs ; déjà s'était développé en lui le goût des accouchements, et là au moins il devait se révéler quelqu'un. Désigné depuis le 15 janvier 1659, pour accoucher les femmes « gâtées », il est en outre, en tant que chef des compagnons, concurremment il est vrai avec les chirurgiens du dehors auxquels, d'après le règlement, la sage-femme pouvait avoir recours, réclamé de temps à autre à l'office des accouchées.

« Ledit sieur Forne a rapporté que le dixième du présent mois, il est arrivé un mauvais accouchement en la salle des accouchées, qui a obligé la sage-femme d'appeler du secours, et ont été mandés le sieur Castagnet, maître chirurgien à Paris, et les sieurs Petit et Portal, chirurgiens ordinaires, dudit Hôtel-Dieu, qui ont donné leur certificat de ce qui s'est passé audit accouchement, mis au greffe du bureau par ledit sieur Forne ». [*Délibér.* du 12 décembre 1659.]

Enfin, le 4 février 1660, il était admis à aller, pendant trois mois, à l'office des accouchées. C'est dans ce service, si recherché alors, comme le prouvent les témoignages de Mauriceau, de Peu, de Dionis, que Portal put se former, guidé des sages conseils de Lacuisse et de Bouchet.

« Comme je l'ai remarqué en l'Hôtel-Dieu de cette ville, où j'ai eu l'honneur de servir les pauvres malades pendant plusieurs années, en qualité de maître chirurgien, étant appuyé des conseils de défunt M. de Lacuisse, et de M. Bouchet son gendre, qui ne nous refusaient point cette charité pour les pauvres. Ils m'ont toujours honoré de leurs sages conseils, que j'ai suivis avec un heureux succès dans tous les accouchements que j'ai faits, et que je fais encore journellement. Et je puis dire que je fais gloire d'avoir appris de ces deux messieurs une bonne partie de ce que j'ai pu apprendre dans les accouchements ; et assurément le public a beaucoup perdu en la personne de M. de Lacuisse, et perdra encore davantage en celle de notre illustre M. Bouchet. »

Ce service était d'une installation fort imparfaite, et nous allons voir que l'hygiène, entre autres, y était à peu près inconnue. L'office des accouchées avait d'abord occupé, à l'Hôtel-Dieu, la « salle basse », la moins élevée de plafond de toute la maison, n'ayant de fenêtres que d'un seul côté, donnant sur un bras de la Seine asséché en été, et qui recevait à cet endroit quantité d'égouts parmi lesquels celui des latrines de l'Hôtel-

Une salle de l'Hôtel-Dieu au XVIIe siècle.

Dieu. On avait dû bientôt l'évacuer, « attendu l'humidité qu'y ont causé les eaux de la rivière qui y ont débordé ». Transporté en 1660, dans une des salles du pont, le local ne tarde pas à devenir insuffisant ; on aménage avec vigueur à cet effet l'ancienne salle des taillés, salle Saint-Joseph où, en 1663, on installe les accouchées définitivement, puisque cent ans plus tard, nous dit T e n o n, elles s'y trouvaient encore.

Quelle que fût l'amélioration réalisée, l'encombrement n'avait guère diminué ; la salle a 72 mètres de long, 11 de large, 3^m,3o de haut ; les lits, petits lits et grands lits larges, ceux-ci, de 4 pieds 4 pouces, placés sur quatre rangs (rang blanc, qui reçoit la lumière, près de la fenêtre, rang noir adossé à la cloison de refend, deux rangs intermédiaires), se touchent presque. En 1664, il y avait en moyenne 80 à 100 femmes enceintes ; en 1671, il y en a 250, et le local n'a pas changé. En février 1660, il y a quatre, cinq et six femmes dans le même lit ; le 14 février 1661, il y en a quatre, « les femmes grosses et accouchées sont si étroitement pressées dans leurs lits, y couchant quatre à quatre, qu'on n'en a point reçu depuis plus de quinze jours ». En 1666, elles sont encore trois par couchette. Cet abus n'était pas particulier à l'office des accouchées ; une délibération du 7 juillet 1656 qui a trait aux services de médecine, en fait foi : « les malades expirent dans des lits où il y en a deux ou trois autres couchées »... « Souvent on tire de leurs lits ceux qui commencent à se bien porter, pour les mettre coucher avec d'autres fiévreux et grièvement malades. » Délibér., du 14 janvier 1660. Le mal n'était pas près de disparaître : Tenon parle de 67 grands lits et de 39 petits, qui comptaient encore, le 12 janvier 1780, 193 femmes en couches, soit 18 grands lits occupés chacun par 3 femmes. Les jours de presse, même, elles y sont à quatre. Il ne fallut pas moins que la Révolution pour apporter remède à cet encombrement, en créant la Maternité dans l'ancienne abbaye de Port-Royal où elle existe encore.

Il n'y avait pas de berceaux pour les enfants ; et tout ce monde, grand et petit, couchait indistinctement l'un avec l'autre : « Dans le même lit, la femme légitime et vertueuse, avec la fille déshonnête et corrompue, saine ou non, galeuse au besoin ; l'accouchée avec la femme grosse, les biens portantes avec les malades, « les unes à une époque de leurs couches, les autres à une autre époque » ; seules, les femmes syphilitiques étaient mises dans une salle à part. En moins de huit mois, quatre enfants étaient trouvés étouffés dans le lit de leur mère; ce n'est qu'en 1662, que le bureau décida d'avoir des mannes. Et Tenon pouvait écrire encore, cent ans plus tard, flétrissant l'incurie de ses prédécesseurs: « Enfin, quand on entr'ouvre ces lits de souffrance, il en sort, comme d'un gouffre, des vapeurs humides, chaudes qui se répandent, épaississent l'air, lui donnent un corps si sensible que le matin, en hiver, on le voit s'entr'ouvrir, à mesure qu'on le traverse, et on ne le traverse point sans un dégoût qu'il est impossible de surmonter. »

L'infection devait se plaire dans un pareil milieu ; et en effet, nous sommes aux plus sinistres jours de la fièvre puerpérale ; les épidémies se succèdent à l'envi; 1662, 1663, 1664 sont des dates sombres: cette dernière voit des centaines de victimes. En 1746, au fort d'une épidémie, il réchappait une femme sur vingt ; en temps normal, il en mourait une sur quinze. Sur une moyenne annuelle de treize cents enfants nés à l'Hôtel-Dieu, il en mourait quatre cents, surtout d'une maladie fatale, désignée du nom « d'induration ou de gelée ».

L'office des accouchées était placé sous la direction d'une religieuse, la dame des accouchées, qui remplissait à peu près le rôle de nos surveillantes actuelles, avec toutefois des pouvoirs plus étendus. Sous ses ordres, ayant la responsabilité de tous les accouchements et des baptêmes, était une maîtresse sage-femme, choisie parmi les professionnelles de la ville et admise après concours, sans omettre les protections. Elle devait être mariée ou veuve, et professer la religion catholique. Généralement très capable, elle avait pour la seconder des apprentisses, au nombre de quatre le plus souvent, qu'elle avait charge d'instruire, et qui, au bout de trois mois de stage à l'Hôtel-Dieu, étaient autorisées à exercer librement au dehors. Les six premières semaines, elles devaient se contenter de regarder ; les six dernières, elles opéraient elles-mêmes sous la surveillance de la maîtresse. Celle-ci leur faisait des cours, sous le contrôle des médecins de l'Hôtel-Dieu, et même des leçons pratiques, avec cadavre à l'appui, sur l'anatomie des parties génitales. Toutes étaient rigoureusement tenues d'y assister, mais quelque bonne fût cette mesure, elles ne devaient en retirer qu'un bénéfice illusoire : les dissections n'avaient lieu que toutes les six semaines, soit deux dissections dans la durée d'un stage. Aussi, à maintes reprises, le bureau déplorait-il leur ignorance. Escortée de ses apprentisses la maîtresse sage-femme était tenue de parcourir les salles deux fois au moins pendant le jour ; la nuit venue, elle devait faire une révision de tous les lits, indiquer à ses apprentisses les parturientes en passe de travail, et leur faire les recommandations que l'état de chacune d'elles comportait. A l'office, était attaché un médecin de l'Hôtel-Dieu qui y faisait une visite chaque matin, y prescrivait le régime et les remèdes; les saignées, toujours nombreuses, étaient faites par l'un des douze compagnons chirurgiens, désigné par le bureau, et choisi « selon qu'il était le plus propre pour travailler dans la salle des accouchées », sans tenir compte de l'ancienneté. Le soin d'accoucher les femmes vérolées lui était dévolu, la sage-femme ne voulant et ne devant y prêter la main. En cas d'accouchement laborieux, la sage-femme devait faire appel au maître chirurgien de l'Hôtel-Dieu, ou, s'il était absent, à son premier compagnon gagnant maîtrise. Cette mesure toutefois n'était pas stricte, et il lui était permis d'avoir recours, pour l'aider, à quelque chirurgien accoucheur du dehors :

« Il y a en la salle des accouchées une femme en travail dont l'accouchement est difficile. La sage-femme a prié le sieur Castagnet pour l'aider, comme il a fait en plusieurs cas semblables ; néanmoins ledit sieur Castagnet fait difficulté de travailler, n'en ayant pas la permission du bureau. Sur quoi, l'un des messieurs a dit qu'il est de conséquence d'introduire dans l'Hôtel-Dieu des chirurgiens du dehors et d'ailleurs, que cela est inutile, puisque l'on a un maître chirurgien dans la maison. Sur quoi a été ajouté que le dit sieur Portal est à présent admis en la salle des accouchées, qui peut aussi assister ladite femme en travail, et dans les autres accouchements difficiles qui arriveront ; sur quoi, l'affaire mise en délibération, la compagnie a arrêté que ledit sieur Castagnet assistera la femme en travail et que le sieur Petit, maître chirurgien ordinaire de l'Hôtel-Dieu, s'y trouvera aussi pour contribuer de sa part au soulagement de ladite femme.» [*Délibération* du 18 février 1662.]

Deux jours plus tard, le bureau désignait nettement Castagnet et Petit pour être appelés à seconder la sage-femme, en cas d'accouchement difficile. C'est grâce à une mesure analogue que Mauriceau et Peu purent y pénétrer ; quoi qu'il en soit, le rôle joué par les chirurgiens de l'Hôtel-Dieu à l'office des accouchées était encore, on le voit, assez effacé.

Le personnel ne vivait pas toujours en bonne intelligence : la sage-femme guerroyait avec la religieuse, qui ne pouvait elle-même cacher sa honte aux chirurgiens, de voir un homme s'immiscer dans le service des femmes en couches ; médecin et chirurgien se regardaient d'un œil méfiant et dédaigneux ; tout le monde enfin était en butte aux réprimandes du bureau.

Le service était hospitalier à toute femme grosse ; toute parturiente, parvenue au dernier mois de sa grossesse, était admise à l'Hôtel-Dieu, quelque fussent son origine, sa moralité, et même sa religion. Les femmes gâtées seules se voyaient refuser l'entrée jusqu'au dernier moment ; on ne les admettait qu'en travail ; mises à la porte de l'Hôtel-Dieu, refusées à la Salpêtrière, elles risquaient fort « de rester sur le pavé », sans secours ni assistance, jusqu'au jour ou Louis XVI, en 1785, autorisa la construction d'un hôpital spécial pour les femmes enceintes, enfants et nourrices syphilitiques, aujourd'hui le Midi.

En attendant l'heure du travail, elles s'occupaient de filer au fuseau ; trop souvent pourtant, harcelées en outre de demandes d'argent par le personnel subalterne, on les utilisait à des travaux pénibles : « qu'on les emploie avant leurs couches à porter de gros fardeaux de linge mouillé, à l'étendre sur des cordes, ce qui est de périlleuse conséquence ». [*Délibération* du 23 juin 1657.]

Les accouchements ne se faisaient pas dans la salle commune ; dès le début du travail, la parturiente était conduite dans une salle spéciale dite chauffoy, où elle accouchait sur un petit lit fort bas, placé devant le feu, cependant que par les soins de la maîtresse sage-femme, il lui était fait de temps en temps quelque lecture de piété. Les délivres étaient conservés, chacun dans un vase séparé, pour être soumis, le lendemain, à l'examen du médecin de l'office. L'accouchement terminé, elle devait gagner à pied son lit, parfois assez éloigné. Dès le lendemain, à cinq heures du matin, elle devait se lever pour qu'on le fît. A partir de 1658, par les soins du bureau, le chauffoy fut pourvu d' « une chaire à bras », destinée à permettre de porter à son lit l'accouchée, et il fut décidé que désormais elle ne se lèverait pas les deux premiers jours.

Il accouchait environ cent femmes par mois à l'Hôtel-Dieu. La durée des couches normales était de quinze jours; après quoi on renvoyait toute femme dont l'état le permettait; celles qui se trouvaient sans refuge pouvaient aller à l'Hôpital général. En réalité, cette durée était beaucoup plus longue : les suites de couches pathologiques n'étaient pas rares, et elle peut être évaluée en moyenne à trente-cinq jours.

Les enfants, nés à l'Hôtel-Dieu, risquaient fort, s'ils n'étaient déjà devenus orphelins, d'être abandonnés par leur mère; les dames de la Charité, prises de compassion, les avaient recueillis pendant quelques années. Débordées bientôt par le nombre sans cesse augmentant, elles durent en laisser le soin à l'État; en 1678, l'Hôpital Général fit construire l'hospice des Enfants Trouvés : sur 1,503 enfants nés à l'Hôtel-Dieu dans cette année, le nouvel asile en reçut 1,304.

L'office des accouchées était rigoureusement fermé aux gens du dehors : aucun chirurgien ni médecin de la ville ne pouvait prétendre y entrer « soit pour apprendre l'art des accouchements, soit pour s'y perfectionner ». Les étudiants, admis à suivre, au nombre de cinq par service, les leçons du maître, ne pouvaient pénétrer, sous aucun prétexte, « dans la salle des femmes grosses et des accouchées ». Quelques administrateurs du bureau de l'Hôtel-Dieu, moins rigoristes que leurs collègues, s'étaient efforcés, dès le commencement du XVIIe siècle, de créer un modus vivendi plus libéral, en proposant d'ouvrir le service des accouchées aux chirurgiens; leur bonne volonté était venue faire panache devant la résistance obstinée des religieuses. Quelques exceptions se montrèrent; encore ce fut-il toujours au bénéfice de quelque praticien étranger, fortement accrédité par son souverain près du roi de France, dont la volonté, dans ce cas, ne faisait même pas toujours loi. Et Mauquest de la Motte devait, pour suivre le service, se déguiser en pharmacien et accompagner le médecin dans sa visite en qualité de topique. La salle était tenue constamment fermée ; seule, la dame des accouchées en détenait la clef, qui ne la quittait jamais. Il y avait, il est vrai, à cette mesure fort préjudiciable pour le progrès de l'obstétrique, une raison humanitaire, issue du respect que l'on avait pour la femme enceinte : son nom était consigné sur un registre gardé à l'office, et par un sentiment fort louable, l'on s'était fait une loi de ne le divulguer à qui que ce soit, sous aucun prétexte : « tant pour assurer la tranquillité des familles, que de peur de détourner les filles qui ont forfait à leur honneur de venir accoucher à l'Hôtel-Dieu, ce qui les pourrait porter à défaire leurs enfants, même avant qu'être nés ». L'office des accouchées devenait « l'asile contre le déshonneur ».

De son passage dans ce service, Portal avait gardé de précieux enseignements cliniques ; il y avait laissé bon souvenir, et cependant rien ne nous dit qu'il y fut rappelé après son départ de l'Hôtel-Dieu. En mars 1663, ses six années échues et son temps de clinicat expiré, conformément à la règle, il gagne la maîtrise et quitte l'hôpital, regretté par le bureau qui, en récompense des services rendus, lui alloue une gratification :

21 mars 1663. « La compagnie a signé un certificat des services rendus pendant six années à l'Hôtel-Dieu par le sieur Portal, en qualité de premier compagnon chirurgien ordinaire gagnant sa maîtrise, et lui a aussi délivré ordonnance de cinquante livres, pour une année qui échéera au jour de Pâques prochain, de la récompense des dits services qui lui est accordée annuellement outre ses gages. »

28 mars 1663. « Le sieur Portal est venu au bureau prendre

congé de la compagnie et la remercier de la grâce qu'elle lui a faite de le retenir au service des pauvres de l'Hôtel-Dieu, et gagner sa maîtrise comme il a fait par un travail de six ans, suivant les privilèges de l'Hôtel-Dieu. »

Maître chirurgien, il se consacra dès lors uniquement aux accouchements, dans lesquels il acquit rapidement une grande réputation, se consolant de son départ de l'hôpital en rédigeant, en clinicien consciencieux, les observations des cas intéressants qu'il avait à traiter. Malade pendant deux ans et demi, il dut interrompre sa pratique de juillet 1668 à février 1671. A cette date, il fit paraître un tout petit opuscule sur le cas « d'un enfant d'une figure extraordinaire », et en 1683, il se décida à publier sa pratique des Accouchements. Il dut rester actif jusqu'en ses dernières années : le *Livre commode des Adresses* le montre encore en exercice, en 1692. Onze ans plus tard, le 1er juillet 1703, Portal mourait (1).

Le portrait, placé en tête de son ouvrage, suivant la coutume chère aux auteurs de son temps, dira, mieux que toute description, quelles étaient ses qualités physiques.

Modeste, il ne devait pas avoir la vogue de Mauriceau, ni recevoir les honneurs de Bouchet; celui d'être appelé à la Cour ne lui fut pas réservé. Sa clientèle fut toute d'humble condition : tour à tour, nous voyons ses clientes, femmes de boulanger, de cordonnier, de fruitier, de rôtisseur, d'orfèvre, de serrurier; ce sont des pauvres, auprès desquelles il se montre toujours très assidu, et désignées dans ses observations du nom de « femme »; de temps à autre, apparaît une « dame », mariée à un procureur de la Cour, à un officier de la Chambre des

---

(1) Ses armes étaient : « D'azur à un chevron d'or accompagné en chef de deux roses tigées et feuillées de même et en pointe d'un lion d'or. » (Note remise par le Dr CORLIEU.)

Comptes, de la maison du roi ou de Son Altesse madame. Souvent,
— le péché d'enfant était fruit mûrissant si bien déjà, au XVIIe
siècle, que Dionis et après lui P. Amand en étaient arrivés à
à qualifier la membrane hymen de « prétendue marque de vir-
ginité qui n'a jamais existé », — il assiste des « demoiselles » ;
enfin, une fois, il a la confiance du résident d'un des plus grands
princes d'Allemagne qui lui remet le soin de secourir sa femme ;
tout dédaigneux qu'il fût des grands, il ne cache pas sa satisfac-
tion ; il gratifie le mari de « grand homme de bien, d'honneur
et de vertu, qui a acquis par son mérite l'amitié de son prince,
tant dans l'Italie que dans d'autres royaumes » ; il lui fait « son
compliment de ce qu'il lui faisait l'honneur de lui vouloir
confier ce qu'il avait de plus cher » ; le prince le « reçoit fort
agréablement, lui disant qu'il était ravi que madame fût entre
ses mains ». Longtemps, Portal demeure au pied du lit, et il
se surpasse en « délivrant la mère heureusement de deux belles
filles et de deux arrière-faix, sans qu'elle en fût incommodée ».

Pacifique, désireux de sa tranquillité, ce ne fut pas un médi-
sant, et son nom ne se trouve mêlé à aucune polémique de
confrères. C'est toujours avec condescendance qu'il parle des
médecins ; toujours ils sont « savants », s'il a oublié de les dire
« très habiles » ; bel exemple qui n'a pas toujours été suivi, ses
confrères sont tous « des hommes de grande science et de
grande vertu ». Pour un seul, il se montre sévère ; il ne parle
jamais de Viardel, théoricien sans valeur à ses yeux, qu'en
termes méprisants. Parfois aussi, déplorant l'insuffisance d'instruction des sages-femmes, qu'il a maintes fois constatée, il
adresse à quelques-unes d'entre elles des reproches piquants ;
mais c'est plutôt par désir de leur être utile que de leur nuire,
et il prend soin dans son avertissement, de se défendre d'avoir
voulu faire preuve de méchanceté.

Il fallait avoir quelque vertu pour ne pas être plus batailleur, à son époque. Médecins et chirurgiens se dévoraient; G u i P a t i n, célèbre entre tous par sa critique insolente, qualifiait les membres de Saint-Cosme « ces laquais bottés, ces estafiers de Saint-Cosme, ces chiens grondants, cette superbe racaille ». Il n'était pas d'adepte de Saint-Luc qui leur reconnût le droit de porter « la robe et le bonnet pour leur prétendue doctrine en chirurgie ». Les accoucheurs n'étaient pas plus tendres les uns pour les autres ; beaucoup d'entre eux avaient de l'esprit, et se faisaient un malin plaisir de l'employer à ridiculiser un collègue ; souvent les mots méchants n'étaient pas écartés : M a u - r i c c a u, dont la devise dit la prétention (c'est le soleil qui me guide, et non pas l'ombre), avait acquis dans ce genre des droits à la célébrité. Il disait de L a c u i s s e « qu'il avait coutume de s'endormir près de la femme en travail pour ne se réveiller qu'après la rupture de la poche des eaux ».

Réfutant la théorie de V i a r d e l sur les signes de la mort de l'enfant dans la matrice, il ajoute : « la notable erreur d'un auteur moderne, dont le livre mériterait plutôt d'être envoyé aux beurrières et aux épiciers de la Halle pour servir d'enveloppe à leurs marchandises, que d'être distribué au public à cause des dangereuses conséquences de ses mauvais préceptes, et de l'ignorance crasse de cet auteur, dont la méthode est pernicieuse ». Et ailleurs, cette réclame :

« Il pouvait être convaincu de grande ignorance, pour les raisons que j'ai alléguées ; l'exemple qui suit, dont le seul récit est capable de donner de l'horreur, fait voir manifestement qu'il n'avait pas moins d'effronterie et de témérité que d'ignorance. » Il s'agit d'une « pauvre femme qui mourut par les violences extraordinaires que ce téméraire auteur lui avait faites, durant deux heures entières, pour l'accoucher, avait tué son enfant vivant avec ses instruments et avait en même temps crevé et déchiré de tous côtés la matrice de la mère ; ce qui avait été cause qu'elle mourut une heure ensuite ; après qu'on eut vu le cruel traitement et les excessives violences inutilement faites à cette femme par ce même auteur, on appela Clément sur lequel il rejeta aussitôt effrontément sa faute à cause qu'il avait mis le dernier la main à l'œuvre. »

Il dit de Rousset : « Les histoires que nous rapporte ledit Rousset, en son enfantement césarien, n'ont pas eu d'autre origine que la rêverie, le caprice et l'imposture de son auteur. »

Enfin, c'est à Lamotte, à Peu surtout qu'il s'attaque. Viardel, Lamotte et Peu n'avaient pas admis le traité de Mauriceau ; Peu s'était même permis de critiquer le tire-tête qu'il avait inventé, et Mauriceau ne le lui avait pas pardonné ; pour se venger, non content de jouer misérablement sur son nom, il l'accusa d'avoir falsifié la plupart des observations qu'il rapporte dans son livre, et prétendit que jamais il n'avait accouché une seule femme à l'Hôtel-Dieu. Peu se défendit en produisant une série de certificats, railla Mauriceau pour avoir affirmé, qu'en quatre mois, lui-même avait accouché trois cents femmes à l'Hôtel-Dieu. « Vous, trois cents femmes en quatre mois, et moi pas une seule en dix années. Vous êtes un heureux mortel ; mais prenez garde qu'après avoir diminué excessivement les choses à mon égard, on a droit de vous soupçonner de les grossir médiocrement en votre faveur. Je veux bien encore vous dire qu'on ajoute à ce témoignage, que dans le peu de temps que vous travaillâtes à l'Hôtel-Dieu, votre humeur dès lors impé-rieuse et suffisante au dernier point, vous fit faire tant de fracas dans cette maison peu accoutumée au bruit, et qui est un asile de paix, qu'on vous pria de vous retirer bien vite. »

Dionis a une note plus finement spirituelle : il se moque de Mauriceau qui interdisait à la femme enceinte de remplir ses devoirs conjugaux pendant les deux derniers mois de la grossesse : « Mauriceau, dit-il, ne peut avoir fait ces observations par lui-même, n'ayant jamais pu avoir un seul enfant en quarante-six années de mariage. Pour moi qui ai une femme qui a été grosse vingt fois, et qui m'a donné vingt enfants dont elle est accouchée à terme et heureusement, je suis persuadé que les caresses du mari ne gâtent rien. »

Enfin, cet entre-filet de Lamotte sur les sages-femmes n'est pas tendre non plus : « Il n'y a aujourd'hui que les femmes du plus bas état qui se mêlent d'accoucher, lesquelles étant élevées dans la misère, la crasse et l'ignorance, sont bien plus capables de déshonorer la profession que d'acquérir ces belles qualités d'adroites, d'intelligentes qu'on leur donne. Toutes les apprentisses que j'ai vues à l'Hôtel-Dieu de Paris, pendant cinq ans que j'y ai travaillé, étaient toutes de très-bas lieu. C'est à se cacher d'être né d'une sage-femme », ajoute-t-il.

La question que Pitcairn posa à Astruc, qui avait voulu intervenir dans une discussion que le professeur écossais avait avec Hecquet à propos de la digestion, et prétendre que la défécation se faisait par les seuls efforts du rectum, mérite de terminer cette liste ; Pitcairn lui répondit : « An Astruccius nunquam cacaverit ? Astruc a-t-il jamais été à la selle ? »

Portal ne goûta pas ces plaisanteries mordantes ; il avait respecté les autres, au moins lui rendirent-ils justice en l'épargnant. La critique du public, seule, dut le viser parfois, car à plusieurs reprises, dans ses observations, avec la bonhomie qui le caractérise, il laisse poindre quelque écœurement :

« On m'a dit que cette dame avait dit, à ma louange, que cette défunte avait été bien accouchée ; aussi est-elle grande en vertu et en mérite ; et je lui suis redevable de son honnêteté, et de m'avoir rendu justice quoique je n'eusse pas l'honneur d'être connu d'elle, et dans une occasion où on voulait ternir ma réputation, parce qu'on lui avait fait entendre qu'il y avait eu de la faute dans l'accouchement. C'est ce qui me fait dire qu'on a beau faire, on ne fait jamais bien : quelque belle opération qu'on puisse faire, elle ne fait point d'éclat ; mais bien tout le contraire, qu'une femme soit si bien accouchée qu'on le souhaitera, et qu'elle vienne à mourir, ce sera toujours la faute de celui ou de celle qui aura accouché la femme : tant la médisance a de l'empire sur la vérité. Que si en celle-ci il s'était trouvé seulement le moindre sang caillé collé aux membranes internes de la matrice, j'aurais été accusé de l'avoir fait mourir, quoiqu'elle fût mourante avant que j'y eusse touché. C'est pour cette raison qu'on a vu des accoucheurs ne vouloir pas faire de telles opérations, de peur de ternir leur réputation. Mais en cela Dieu s'y trouve offensé, et le mépris qu'on peut faire à l'opérateur n'est qu'une fumée envers Dieu, qui est le protecteur des affligés et des innocents. »

Ailleurs, il dit :

« La conduite et le jugement sont fort nécessaires pour entreprendre de tels accouchements ; car celui qui opère est souvent blâmé, quoiqu'il fasse le mieux qu'il lui est possible ; et si celle-ci fût morte, on m'aurait accusé d'avoir eu trop de hardiesse et de témérité ; mais ce n'est pas la seule que j'aie sauvée en cet état. Si cette femme avait été une grande dame, on l'aurait laissée mourir, parce qu'on aurait eu peur d'en avoir du blâme, si elle fût morte. Dans ces occasions, on ne doit pas avoir ces égards. Il faut premièrement regarder Dieu, et son prochain. Regarder

Dieu, parce qu'il y serait offensé, en laissant mourir une femme. Regarder son prochain, parce qu'il n'y aurait pas de la charité de laisser mourir une femme sans la secourir ; et dans ces rencontres, une femme est plus heureuse d'être pauvre que d'être riche : parce qu'aux pauvres on a plus de hardiesse et de liberté dans sa profession : et quoi qu'on puisse dire, je suis du sentiment de M. Bouillet, premier médecin de son altesse monseigneur le prince, très habile homme, fort sage et très prudent, qui ayant été appelé pour consulter la malade dit qu'en pareille occasion, que la femme soit riche ou pauvre, il faut toujours suivre les règles de l'art, et faire sa profession en homme d'honneur, et laisser parler le monde. »

Praticien éminemment consciencieux, Portal fut avant tout un clinicien, faisant volontiers bon marché des vieilles théories pour ne conclure que de l'examen des faits. Et l'un de ses grands mérites restera, d'avoir le premier bien vu que rien ne vaut, en obstétrique comme en médecine, que l'enseignement au lit de la malade, et d'avoir songé à le propager en publiant des observations rigoureusement vécues.

VUE D'ENSEMBLE DE SON ŒUVRE

La seconde moitié du XVIIe siècle marque une date glorieuse
entre toutes pour les accouchements. Les travaux de M a u r i c e a u,
à eux seuls, suffiraient à l'attester ; mais autour de lui gravitait
une pléiade d'accoucheurs célèbres qui allaient, égrenant peu à
peu et sans regret les vieilles théories hippocratiques dont on
avait jusqu'alors trop volontiers vécu, contribuer à donner à
l'obstétrique des bases nouvelles et plus solides, fondées sur des
connaissances anatomiques sérieuses et sur l'observation.

La liste des ouvrages déjà parus et qui sont à retenir n'est pas
bien longue. C'est de 1572 que date le premier traité d'accouchement, dû à A. P a r é : la symptomatologie de la grossesse y fait
son premier pas ; les principaux obstacles qui peuvent venir com-
pliquer le travail y sont décrits avec les moyens de les surmonter ;
la version céphalique, qui conduisait si souvent à la nécessité
cruelle du sacrifice de l'enfant, reçoit le coup de grâce ; sa rivale,
la version podalique, remise en honneur, est la légataire univer-
selle ; le crochet est proscrit sur l'enfant vivant, l'opération césarienne réservée à la femme morte. Viennent Franco, puis
G u i l l e m e a u surtout, élève de P a r é, qui précise et vulgarise
les idées du maître, recommande l'extraction immédiate de
l'enfant en cas d'hémorrhagies ou de convulsions, entrevoit le
placenta prævia dont il signale les dangers. R o u s s e t décrit
longuement l'opération césarienne. S é v e r i n P i n e a u appro-
fondit l'étude anatomique du bassin. L o u i s e B o u r g e o i s, se

faisant l'écho de Paré et de Guillemeau, insiste à nouveau sur les avantages de la version podalique, sur la nécessité de l'intervention rapide dans les pertes de sang abondantes, montre la possibilité de l'accouchement par la face, si redouté peu après. Enfin en 1668, paraît le traité de Mauriceau qui devait faire faire à l'obstétrique un pas gigantesque. Dix-sept ans plus tard, celui de Portal voyait le jour, l'un des premiers par conséquent.

Les auteurs qui se sont occupés de l'histoire de la médecine mentionnent de lui deux ouvrages. En réalité, ils n'en font qu'un. Le premier en date en effet, intitulé *Discours anatomique sur le sujet d'un enfant d'une figure extraordinaire*, 1671, et dédié à Félix fils, premier chirurgien du roi, n'est qu'un tout petit opuscule, d'une vingtaine de pages in-12, consacré à la description d'un enfant monstrueux. Le texte et les trois gravures, qui l'accompagnent, sont d'ailleurs reproduits dans l'observation XXX de son deuxième ouvrage, le seul vraiment à retenir, *la Pratique des accouchements*.

C'est en 1683, comme en témoignent les approbations du Roi, de la Faculté de médecine de Paris, et des maîtres chirurgiens jurés, placées, selon la loi, au début du volume, que Portal, encouragé par des collègues, se décida à publier les plus intéressantes des observations recueillies par lui depuis 1663. Deux ans plus tard, en 1685, parut :

LA PRATIQUE DES ACCOUCHEMENTS

SOUTENUE D'UN GRAND NOMBRE D'OBSERVATIONS

COMPOSÉE PAR PAUL PORTAL

MAITRE CHIRURGIEN JURÉ A PARIS

La muse, quelque peu fantaisiste, d'un confrère ami, fit à son auteur les honneurs d'un quatrain :

Anagramma.

PAULUS PORTAL. (1)

Portus tuti aura, aut porta salutis ovas.
Qui factis scriptisque micas, fert nominis omen,
Portus tuti aura, aut porta salutis ovas.
Talem te dicunt Superi, te facta celebrant.
Scripta canunt. Quid ego plus ? Tibi cuncta parent.

« Toi que tes actes et tes écrits ont illustré, ton nom est de bon augure ; tu es la brise qui mène à l'abri sûr du port, ou la porte qui s'ouvre sur les rivages du salut ; ainsi t'appellent les dieux ; tes actions font ta célébrité ; tes écrits chantent ta gloire. Que dirai-je de plus ? Tout t'obéit. »

M. JEAN LESTORCEL,
Chirurgien juré de Paris, ancien prévôt et garde,
le très fidèle observateur de tes préceptes.

On avait de l'esprit, à peu de frais, au XVIIe siècle !

Orné d'un très beau portrait de l'auteur dédié « avec beaucoup de respect » par son « très humble et très obéissant serviteur », à Moreau, conseiller et professeur du roi, premier médecin de Mme la Dauphine, dont Portal avait suivi les leçons à l'Hôtel-

---

(1) Le point qui suit le mot « Portal » signifie ici que Portal doit être mis au génitif : Paulus Portalis. Il est en effet essentiel qu'il y ait Portalis, pour que le pentamètre qui suit soit l'anagramme de Paulus Portalis : il faut que ce pentamètre contienne toutes les lettres de ce prénom et de ce nom, et ne renferme que celles-là. S'il n'y avait que Portal, on ne s'expliquerait pas la présence de l'*i* dans *tuti* et dans *salutis*.

Dieu pendant treize ans, et pour lequel il professait une grande admiration, l'ouvrage comprend 368 pages in-8°, et est divisé en deux parties, de très inégale importance.

La première partie, le traité, est fort courte et ne contient que 35 pages. La seconde, beaucoup plus importante puisqu'à elle seule elle n'occupe pas moins de 333 feuillets, est aussi la plus intéressante. Cette large place réservée aux observations nous dit déjà quel sera le caractère de l'ouvrage : c'est avant tout de la clinique. L'avertissement nous en prévenait :

« Quelques-uns de mes amis, assez éclairés pour se connaître aux observations qui peuvent être de quelque utilité dans la pratique, m'ont persuadé que les miennes pourraient instruire ceux et celles qui voudront se mêler des accouchements. Cela m'a engagé à les communiquer de bonne foi : et je ne me repentirai point de la résolution que l'on m'a fait prendre, si l'on me fait justice. Ce n'est ni le style, ni l'arrangement des mots qu'il faut considérer, je confesse que je n'ai point assez d'étude pour y réussir; c'est la matière à quoi je me suis principalement appliqué; et assurément, je n'ai rien dit que je n'aie fait, et que je ne sois encore en état de faire, quand l'occasion s'en présentera. »

Le traité est divisé en six chapitres :

1° De l'accouchement naturel.

2° De ce qu'il faut faire dans l'accouchement qui se fait avant le terme ordinaire.

3° De ce qu'il faut faire quand l'enfant présente la face la première.

4° De ce qu'il faut faire, quand les pieds de l'enfant se présentent les premiers, ou que c'est l'anus ou fondement.

5° De ce qu'il faut faire quand la main ou le bras se présentent d'abord.

6° De ce qu'il faut faire, quand diverses parties se présentent les premières.

La seconde partie est le résultat de sa pratique d'octobre 1664, un an et demi après sa sortie de l'Hôtel-Dieu, jusqu'en 1683, pratique interrompue pendant deux ans et demi, par suite d'une maladie, comme il nous le dit à l'observation 26. C'est une série de 81 observations où sont exposés, soigneusement triés, sans classement et par ordre de date, les cas de dystocie intéressants qu'il a constatés. L'on y voit relatés 7 cas d'avortement, 1 cancer utérin, 3 éclampsies, 8 grossesses gémellaires, 2 grossesses triples, 1 grossesse tubaire, 12 hémorrhagies graves, 1 hydramnios, 3 infections puerpérales, 1 inversion utérine, 2 môles, 2 monstres, 9 placentas adhérents, 8 placentas prævias, 20 présentations de l'épaule, 3 de la face, 16 du siège, 9 du sommet, 1 prolapsus utérin, 31 fois enfin la version podalique a été pratiquée.

En voici le barême (1) :

Avortement : 3, 36, 38, 46, 78, 81.

Cancer utérin : 18.

Éclampsie : 17, *33*, 45.

Grossesse gémellaire : 8, 9, 44, 52, 60, 65, 70, 74.

Grossesse triple : 62, 80.

Grossesse tubaire : 24.

Hémorrhagies : 23, 29, 39, 41, 43, 47, *51*, 67, 69, 78, 79, 81.

Hydramnios : 12.

Infection puerpérale : 22, 69, 79.

Inversion utérine : 76.

Môle : 26, *40*.

____

(1) Les chiffres indiquent le numéro des observations.

Monstre : *30, 32.*

Placenta adhérent : 5, 14, 20, 34, 33, *37,* 53, 73, 78.

Placenta prævia : 29, 39, 41, 43, *51,* 55, 69, 79.

Présentation de l'épaule : 4, 5, 7, 13, 19, 20, 21, 22, 23, 24, 31, 48, 54, 55, 56, 59, 61, 65, 69, 71.

Présentation de la face : 27, 28, *66.*

Présentation du sommet : 17, 18, 55, 40, 42, 50, 57, 68, 73.

Présentation du siège : 1, 6, 11, 34, 35, 37, 41, 43, 44, 49, 52, 58, 62, 72, 74, 77.

Prolapsus utérin : 10.

Version podalique : 4, 5, 7, 8, 9, 13, 18, 19, 20, 21, 22, 23, 24, 25, 28, 31, 39, 40, 42, 48, 51, 54, 55, 56, 61, 62, 65, 68, 69, 70, 71.

Ouvrage essentiellement clinique, la théorie y est volontairement sacrifiée à l'enseignement pratique ; chaque observation renferme des recommandations précieuses pour le praticien ; fidèlement la conduite à tenir suit l'exposé de chaque cas.

Théoricien, Portal se laisse à peine soupçonner : parfois, mais bien rarement, il est tenté de chercher à un phénomène qui l'intrigue, une explication scientifique, mais ce n'est toujours qu'une esquisse en miniature de son idée, il tourne court aussitôt, et abandonne aux médecins le soin de trancher la question.

Ce n'est pas davantage un écrivain, on n'y trouve aucun de ces mots pour rire que Mauriceau cite volontiers :

« J'ai connu, dit Mauriceau, un nommé M. Hébert, couvreur des bâtiments du Roi, qui était si bon couvreur que sa femme accoucha, il y a environ quarante-trois ans, de quatre enfants, tous vivants, en une seule fois ; ce que sachant, Monseigneur le duc d'Orléans défunt, auprès duquel il était assez

bien venu pour son humeur joviale, lui demanda, en présence
de quantité de personnes de qualité, s'il était vrai qu'il fût si
bon compagnon, que d'avoir fait à sa femme ces quatre enfants,
tout d'un coup; il répondit qu'oui et qu'assurément il lui en
eût fait une demi-douzaine, si le pied ne lui eût point glissé, ce
qui fit rire un chacun de la bonne façon. »

Aucune de ces fines railleries, qui délassent le lecteur, et
dans lesquelles excellait D i o n i s :

« On ne voit point les animaux se cacher pour s'accoupler ;
ils le font dans tous les endroits où ils se rencontrent : l'homme
seul se dérobe aux yeux des autres, et il semble qu'il soit hon-
teux de produire son semblable. Il n'en était pas de même dans
l'antiquité, puisqu'en demandant à un philosophe ce qu'il faisait,
il répondit fièrement, « je plante un homme ». En effet, y a-t-il
plus de mal à planter un homme qu'à planter un chou ? »

Et cette anecdote encore :

« Madame d'Arnoton, femme d'un maître des requêtes,
demeurant rue de Richelieu, accoucha, il y a huit ou dix ans,
de trois filles. Monsieur d'Arnoton était à jouer dans son voisinage lorsqu'un laquais lui vint dire que madame était accouchée d'une fille ; un quart d'heure après, il en vint un autre lui
annoncer qu'elle était accouchée d'une seconde fille ; et un autre
quart d'heure ensuite, il vint un troisième laquais qui lui dit que
madame venait d'accoucher d'une troisième fille ; aussitôt en se
levant brusquement, il pria les dames avec qui il jouait, de lui
permettre d'aller chez lui pour empêcher sa femme d'en faire
davantage. »

Ici, rien de semblable ; P o r t a l ne sait pas plaisanter. Le
style est tout de la plus extrême simplicité, empreint de bonhomie naïve, sans prétention à l'élégance, s'efforçant surtout à

être clair· Il n'écrit pas, il parle, il raconte plutôt. De temps en temps, il fait appel à la comparaison, pour mieux caractériser son idée : heureuse le plus souvent, à la portée de tous : « l'enfant flotte dans ses eaux comme le poisson dans un réservoir « (il s'agit d'un cas d'hydramnios), « le fœtus gros comme un petit chat nouveau-né ». « Je tirai le fœtus (macéré) comme qui tirerait un hareng par la queue », — la poche des eaux pointe à l'orifice « comme une vessie de cochon qu'on aurait remplie d'eau », — le placenta adhérent comparé au gâteau de farine collé sur la table du boulanger ; — parfois plus inspirée, mais plus nébuleuse aussi, témoin la suivante destinée à montrer le mode d'action de la poche des eaux :

« Ce qui m'obligea de faire ici une comparaison sur les vagues de la mer et de l'accouchement, sur ce que lorsque la mer est dans son calme, les vagues venant à flotter sur le sable, elles se retirent en même temps et le laissent presque à sec ; de même qu'il arrive dans le mouvement de la douleur causée par l'agitation de la chaleur qui fait faire un gonflement à ces eaux, qui poussent contre les membranes, lesquelles poussées par icelles font l'ouverture des orifices et disposent la sortie pour l'enfantement. »

Ce qui fait le charme de ces observations, ce qui permet de les feuilleter l'une après l'autre, toujours avec intérêt et sans fatigue, c'est leur variété, c'est aussi que chacune a bien été pensée et vécue. Observateur d'un rare talent, Portal s'y montre le clinicien éminemment consciencieux, qui ne dit que ce qu'il a vu et fait, et blâme sévèrement la phraséologie d'emprunt de Viardel :

« Je crois qu'il a parlé ainsi que la plupart des auteurs font, sans jamais l'avoir vu ni pratiqué, s'imaginant que cela doit être : *car j'ai vu* plusieurs fois le contraire. »

« *Les livres seraient bien plus utiles* qu'ils ne sont si l'on ne donnait au public que ce *que l'on a vu et pratiqué*, en rapportant les choses *avec sincérité et de bonne foi.* »

« Je ne m'arrêterai point à ce que les auteurs ont dit, mais *je proposerai seulement ce que j'ai vu et ce que j'ai appris par expérience.* »

Toujours aussi, il affirme sa confiance dans la puissance de la nature, capable le plus souvent de mener à bien l'œuvre qu'elle a entreprise ; il préconise sans cesse la temporisation, et n'intervient lui-même que pour la seconder, quand il la sent faiblir.

Est-ce à dire que ce livre soit un critérium, le catéchisme que doivent apprendre tous ceux que hante le souci de la vérité ? Tout travail implique une critique ; ici, comme partout, il y a des lacunes, il y a même des erreurs. L'éphémère de ce monde entraîne fatalement l'évolution des idées, et le soin que prennent nos successeurs à critiquer notre œuvre sera toujours la consécration de son mérite et de l'effort que nous avons tenté.

Le grand reproche à lui adresser, c'est de ne s'être nullement préoccupé d'y mettre un peu d'ordre : tout y est mélangé, et l'en-tête d'un chapitre ne dit pas toujours, à bien loin près, ce qu'il renferme de plus intéressant.

Les enseignements si précieux de Portal ne furent pas profitables à ses contemporains ; Mauriceau avait accaparé l'attention de tous : tandis que son traité était sans cesse réédité, réclamé de tous les coins de l'Europe, traduit en anglais, en allemand, en hollandais, en italien, en latin ; tandis que P. Amand, Dionis, Lamotte étaient réimprimés, que Viardel lui-même avait les honneurs d'une réédition posthume,

Portal restait inaperçu, ses mérites étaient méconnus ; seuls les Suédois et les Hollandais lui firent l'honneur mérité d'une tra-duction.

Un accouchement au XVIIe siècle. Le lit de misère employé par tous les accoucheurs, sauf Mauriceau.

ANATOMIE ET PHYSIOLOGIE DE
L'APPAREIL GÉNITAL
SYMPTOMATOLOGIE DE LA GROSSESSE
MÉCANISME DE L'ACCOUCHEMENT

L'anatomie et la physiologie des parties génitales sont complètement passées sous silence par Portal. L'anatomie avait été si amplement décrite pour la première fois par Mauriceau quelques années plus tôt, qu'il ne pouvait guère se livrer qu'à des redites ; il en est de même de la symptomatologie de la grossesse, et il faut lui savoir gré de s'être tout au moins refusé à donner la consécration de son appui à des théories le plus souvent aussi fantaisistes qu'amusantes et dont quelques-unes encore avaient cours. Le peu qu'il en dit n'est qu'esquissé, et il se hâte de faire appel à la science des médecins.

Il serait erroné de conclure, de ce silence, à son ignorance de l'anatomie. Les autopsies dont il fut chargé plusieurs fois à l'Hôtel-Dieu, celles qui sont relatées dans ses observations, les très bonnes descriptions de deux enfants monstrueux que nous reproduisons avec les figures explicatives, témoignent de sa compétence et suffiraient à lever les doutes. Il y avait mérite à la bien connaître, car l'on était fort pauvre de moyens de dissection. Les cadavres de l'Hôtel-Dieu, lorsqu'ils n'étaient pas réclamés par les religieuses, et ils l'étaient le plus souvent, appartenaient de droit à la Faculté de médecine qui, jalouse des progrès de Saint-Cosme, se faisait un malin plaisir de les garder pour elle. Le bourreau, seul, pouvait faire espérer quelque aubaine aux chirurgiens : aussi, les jours d'exécution, sur la place de Grève, apprentis barbiers et écoliers en chirurgie, armés de pied en cap, renforcés par des gens du peuple soudoyés et munis de bâtons, attendaient-ils le moment propice pour se jeter sur le cadavre et l'emporter tout chaud dans la boutique d'un maître où l'on se barricadait pour le disséquer. Saint-Cosme en était si pauvre qu'il avait été stipulé que le cours des opérations se ferait sur des animaux pour les interventions thoraciques et abdominales, et sur la tête d'un veau pour le trépan !

L'anatomie pathologique surtout était à son enfance, et Portal avoue avoir fait maintes dissections de femmes mortes nouvellement accouchées, sans être parvenu, malgré de minutieuses recherches, à retrouver la cause de leur mort.

Les réflexions anatomiques sont donc fort peu nombreuses ; d'accord avec tous ses contemporains, il parle « du vagin ou col de la matrice », sans les distinguer l'un de l'autre ; il note l'étroitesse des parties molles et leur manque d'élasticité chez les primipares, qui expliquent à ses yeux la plus grande durée de la période d'expulsion, dans ces cas. Il insiste plusieurs fois sur l'épaisseur de la paroi utérine, et c'est pour lui l'occasion de commettre une grosse erreur. Portal dit, en effet, qu'il a reconnu sur le cadavre que la paroi utérine est le plus épaisse au niveau de l'insertion placentaire :

« Il me vint dans la pensée que je pouvais m'éclaircir d'un doute où j'étais : savoir si la matrice était plus épaisse à l'endroit où le placenta était adhérent ; en l'examinant derechef dans toute son étendue et circonférence, je la sentis être mollette et membraneuse, et elle me parut de l'épaisseur environ de trois à quatre lignes ; et je la trouvai au tact plus épaisse à l'endroit où le placenta était attaché qu'ailleurs. »

Une autopsie lui confirme son opinion :

« Je trouvai la matrice plus épaisse, lorsque j'approchai l'endroit où était attaché l'arrière-faix, et plus épaisse que partout ailleurs ; aussi l'enfant tire par là toute sa nourriture. » Le différend qui devait se prolonger longtemps est maintenant tranché : la partie de la paroi utérine à laquelle est accolé le placenta est plus mince que les autres. L'erreur de Portal était d'autant plus sérieuse qu'elle pouvait être fréquemment suivie de conséquences désastreuses, alors que journellement on pratiquait le décollement manuel de l'arrière-faix. Lui-même mentionne deux cas de déchirure utérine au cours de délivrances artificielles pratiquées par des sages-femmes : l'accident n'a pas besoin d'autre explication.

On croyait encore que la matrice était reliée aux mamelles par des vaisseaux communs qui y faisaient affluer le lait pendant l'allaitement. Portal partageait cette croyance ; il a même recherché ces vaisseaux, mais naturellement sans succès :

« C'est ce qui nous doit bien faire voir que la nature a des secrets et des conduits qui nous sont inconnus, de même que le mouvement du lait aux accouchées, qui leur donne la fièvre du 2 au 5, auxquels jours les mamelles leur viennent gonflées, et que de là il est porté à la matrice, et s'évacue avec les vidanges, sans qu'on puisse certainement connaître par où il passe. J'ai fait autrefois plusieurs ouvertures de femmes nouvelles accouchées après leur mort à l'Hôtel-Dieu, avec Monsieur Brisset, sans en pouvoir découvrir aucun conduit bien certain ; et je crois qu'il est aussi difficile de le dire, comme de connaître d'où vient qu'il y a des femmes qui ont des tranchées, et d'autres qui n'en ont point. »

La symptomatologie de la grossesse est, avons-nous dit, entièrement sacrifiée dans son volume. Il est intéressant, croyons-nous, d'en dire quelques mots. — Le seul signe certain de grossesse connu était les mouvements actifs du fœtus; mais il n'était pas suffisamment mis en relief, et se confondait parmi tant d'autres, ceux-ci bizarres, ceux-là plus rationnels. Ce sont, d'abord les phénomènes qui accompagnent le coït, signalés par Hippocrate, et auxquels on attachait encore une certaine importance. A. Paré avait parlé du « petit frisson et hérissonnement en tout le corps » que ressentent les femmes fécondées. Guillemeau renchérissait :

« Ainsi qu'en même temps il lui soit survenu comme un baillement, allongement et frémissement en dedans, tel que nous sentons à la fin de pisser, lequel se soit communiqué par tout le corps avec quelque froid et ressenti principalement entre les épaules et dos, avec petite douleur autour du nombril et brouillement au petit ventre, ce qui advient à raison que son amary se ramasse en soi pour retenir la semence qu'elle a attirée et succée, y ressentant quelque petit chatouillement. » On saura, dit Mauriceau, qu'il y a eu conception « si l'homme et la femme ont ressenti pour lors un plaisir plus grand qu'à l'ordinaire... Néanmoins, j'ai vu beaucoup de femmes grosses qui m'ont assuré avoir conçu sans s'en être aperçu, par les sentiments de volupté qui arrivent ordinairement dans l'émission de la semence ». On citait aussi le signe de la rétention de la semence mâle, dû à Hippocrate. Puis, le ventre plat imaginé par Guillemeau. « En ventre plat, enfant il y a. » Par contre, on signalait une série d'autres symptômes plus rationnels : les envies de dormir, l'apparition de taches de rousseur sur le visage ou tannelure d'A. Paré, les changements de caractère, les vomissements, le gonflement des seins, la suppression des règles ; les modifications du ventre enfin qui, déjà tenues pour suspectes par Paré, allaient être plus judicieusement interprétées encore par Mauriceau. — Les matrones osaient encore prétendre que l'on peut diagnostiquer la grossesse par l'examen de l'urine : il suffisait de mettre dans un vase parties égales d'urine et de vin blanc : si l'urine, après avoir été agitée, avait quelque ressemblance avec le bouillon de fèves, elles assuraient que la femme avait conçu ! En réalité, pour Mauriceau, trois conditions étaient nécessaires pour qu'il y eût conception :

1° La diversité des sexes ; 2° leur attouchement ; 3° le mélange des semences. Il en résultait la conception, à laquelle succédait la génération.

Il recommandait comme le temps le plus propre au coït les jours qui suivent la cessation des règles. « Il est aussi très à propos que ce soit plutôt le matin que le soir, à cause que dans ce temps la digestion des aliments étant faite, la semence est mieux cuite et bien plus parfaite, et pour plusieurs autres raisons. » De même, Mauriceau préconisait la continence pendant la grossesse, craignant les secousses du coït pendant les derniers mois ; à l'instar des bêtes, il valait mieux s'en abstenir. « Les bêtes sur leurs ventrées, disait Rabelais, n'endurent jamais le mâle masculant. » Dionis s'était moqué de lui à ce sujet, et sans aller jusqu'à prêcher l'exemple de Julie, la fille d'Auguste, « qui n'admettait de passager dans sa barque que quand elle était pleine », il autorisait les rapports sexuels, sans arrière-pensée, « persuadé que les caresses du mari ne gâtent rien ».

Par contre, les modifications du col n'étaient pas connues ; on

M.

4

n'indiquait guère que la fermeture excessive de l'orifice interne (nécessaire pour bien retenir la semence), admise par tous. En somme, la symptomatologie de la grossesse se résumait à l'examen des phénomènes subjectifs ; aussi quand il fallait faire le diagnostic de bonne heure se trompait-on souvent, et de bonne foi.

On croyait encore le plus généralement que la fécondation résulte du mélange de deux semences ; Mauriceau lui-même, pourtant si perspicace et si novateur, se refusait à accepter les magnifiques doctrines de de Graaf, son contemporain, sur l'ovaire et l'ovule féminin, et continuait, contrairement à Dionis, à admettre la semence de la femme. Faute d'explication plus satisfaisante, il patronait toujours la théorie de la culbute au huitième mois. Les grossesses de dix mois pleins avaient encore quelques adeptes ; quelques-uns, et parmi ceux-ci Viardel, affirmaient que l'enfant né à sept mois était viable, tandis que celui né à huit mois ne pouvait l'être ; la raison qu'il en donne, d'ailleurs, est toute spécieuse : « Il n'est pas vraisemblable qu'Hippocrate et tous ceux qui ont écrit depuis lui se soient trompés sur cette matière ; il est constant par la raison, l'autorité et l'expérience, que l'enfant peut vivre à sept mois et non à huit. »

Les présentations étaient multipliées à l'infini, car l'on admettait que le fœtus pouvait se présenter au détroit supérieur par tous les points de sa surface. Mauriceau avait tenté d'en réduire le nombre, en admettant que le fœtus devait se présenter de quatre manières différentes : par le plan antérieur, postérieur, latéral, ou par les pieds. Dans Portal, nous voyons figurer comme autant de présentations, bien que de second ordre il est vrai, le coude, la partie supérieure des côtes, la partie latérale du col, la bouche, le haut de l'épaule, le scrotum, l'oreille, l'orbite, etc.

Le mécanisme de l'accouchement était à peu près méconnu ;
on distinguait deux phases, la dilatation de l'orifice interne et
l'expulsion du fœtus. En dépit de Galien qui avait bien noté
le rôle passif de l'enfant, en comparant son expulsion à celle du
bol fécal, on lui attribuait, et Portal était de ceux-là, une part
d'activité, ce qui faisait considérer comme plus aisé l'accouchement d'un garçon, en général plus vigoureux. Longtemps, on
avait admis que l'obstacle à la sortie de l'enfant siégeait au
pubis, qui devait s'écarter pour lui livrer passage. Laurent
Joubert, au XVIe siècle, avait réfuté cette erreur ; il avait bien
vu que l'agrandissement du diamètre coccy-pubien est dû à la
mobilité du coccyx, dont la rétropulsion, variable d'une femme
à l'autre, est nécessaire ; il le dit d'ailleurs de façon assez humo-
ristique :

« Les p...... jouent tant du croupion que venant à faire un
enfant, leur croupion est fort souple à prêter et à consentir. Les
autres femmes qui l'agitent moins souvent l'ont plus roide et
surtout les vieilles qu'on épargne plus que les jeunes, même en
mariage, et si elles ont plus de mal des derniers enfants que
des premiers, cela en est cause. De même les filles qu'on marie
un peu âgées ont grand'peine à l'enfantement parce qu'elles
n'ont accoutumé de jeunesse à remuer le croupion, tandis qu'il
était tendre et cartilagineux. Les villageoises et autres femmes
de labeur qui font ordinairement grand exercice et sont plus
debout qu'assises, ont beaucoup plus aisée délivrance que les
marchandes et les bourgeoises qui sont le plus souvent au repos
et assises. Or, que le croupion soit ici le principal, les femmes
qui ont enfanté le peuvent témoigner, car leur principale douleur est au dit lieu, et non à l'os Bertrand (la réunion des deux
pubis) lequel ne bouge aucunement. Le croupion est une petite

queue composée de quatre osselets, laquelle est plus longue à certains Anglais que aux autres. Les Grecs l'ont nommé coccyx à la semblance d'un bec de coccu (coucou). Je ne sais si pour cela les Français appellent coccu celui qui permet à sa femme de remuer cette partie-là à l'appétit d'autrui... C'est donc le croupion, qui s'étant fort remué au plaisir de la conception, a depuis à souffrir extension douloureuse quand l'enfant doit sortir. »

Portal, suivant en cela les idées de beaucoup de ses contemporains, croyait que l'accoucheur et la sage-femme ont besoin d'être doués d'une grande force physique : souvent, il déclare qu'il a dû employer toute sa force pour extraire un fœtus ; il attribue la mort de plusieurs enfants au manque de vigueur d'une matrone ; il déplore de voir des chirurgiens s'adonner à la pratique des accouchements, alors qu'ils sont déjà « vieux et pesants ». Il est vrai qu'il y joint un correctif : « Il ne s'agit pas tant, dit-il, d'avoir de la force, que de la dextérité et de la prudence pour bien pratiquer. »

Enfin, faute de lui trouver une meilleure place, disons un mot ici du baptême des nouveau-nés. La question de pouvoir baptiser l'enfant préoccupait fort les accoucheurs du XVIIe siècle, pour la plupart gens très religieux. N'allait-on pas jusqu'à dire, et Peu était de cet avis, que « baptiser l'enfant est la fin principale de l'opération césarienne » ? Nombreuses sont les observations de Portal où nous voyons la mère, en danger de mort, le suppliant de travailler immédiatement pour tâcher de baptiser son enfant, son seul souci. Aussi, immanquablement, ondoyait-il « sous condition » toute partie fœtale qui paraissait la première à la vulve. La nature du liquide à employer, ce n'est pas lui qui nous le dit, n'était pas indifférente, paraît-il :

le meilleur était l'eau naturelle, le seul en réalité ; pour être accommodant, l'on reconnaissait cependant comme efficaces l'eau de mer, les eaux sulfureuses ou minérales, la rosée, l'eau mélangée au vin ou au lait, pourvu que l'eau prédominât ; l'eau de lessive, la bière légère étaient tenues pour douteuses ; le lait pur, le sang, les larmes, la sueur, la salive, le pus, l'urine, le vin pur, l'huile, la boue, l'encre devaient être rejetés...

Dans les accouchements laborieux, où l'on ne pouvait répondre que l'enfant naîtrait vivant, on avait même coutume de pratiquer le baptême intra-utérin. Il consistait à introduire avec la main, une seringue ou un siphon, de l'eau tiède de manière à toucher le corps de l'enfant, les membranes ayant été préalablement rompues, cependant que l'on prononçait les paroles : « Enfant, si tu as vie, je te baptise, au nom du Père, du Fils et du Saint-Esprit, ainsi soit-il. » La Faculté de théologie de Paris dut consacrer une réunion spéciale à en examiner la validité. C'est le compte rendu de cette séance que reproduit Sterne au chapitre XVII de *Tristram Shandy*, le faisant suivre du commentaire ci-dessous : « Les compliments, s. v. p., de M. Tristram Shandy, à Messieurs L... de R... et de M.... Il espère qu'ils ont bien dormi la nuit qui a suivi une consultation si ennuyeuse et si fatigante. Mais ne peut-il pas leur demander si, après la cérémonie du mariage, et avant celle de la consommation, ce ne serait pas un moyen bien plus court et beaucoup plus sûr de baptiser à la fois tous les embryons sous condition ? Cela ne ferait sûrement aucun tort à la mère, et si la chose était faisable, ainsi que le pense M. Shandy, il n'en coûterait de plus pour se mettre en ménage que l'achat d'une petite seringue. » La seringue, en effet, existait au XVIIe siècle ; il y avait même un modèle spécial pour baptême intra-utérin, employé par tous les accoucheurs, et que recommande Portal. Grégoire, cité par Diderot, n'y avait pas recours. Il prononçait la formule : « Enfant, je te baptise.... » ; puis, emplissant d'eau sa bouche qu'il appliquait convenablement, il soufflait son eau le plus loin qu'il pouvait ; en s'essuyant ensuite les lèvres avec une serviette, il disait : « Il n'en faut que la cent millième partie d'une goutte pour faire un ange. »

Toutefois, l'enfant né vivant était aussitôt rebaptisé. Peu, très religieux, raconte dans ses observations qu'accouchant la femme d'un protestant, et le mari se refusant à ce que son enfant soit baptisé, il n'hésita pas, et s'aidant de la ruse, parvint quand même à ses fins.

L'ACCOUCHEMENT NATUREL (1)

L'accouchement naturel est défini : « celui qui s'accomplit sans l'assistance du chirurgien ou de la sage-femme, l'enfant venant au monde par les efforts de la mère ». Malgré sa concision, et pour si vastes que soient les sous-entendus que comporte cette définition, du moins a-t-elle le mérite d'éliminer nettement tout cas de dystocie. L'enfant vient « naturellement » quand il se présente la tête la première, et par le sommet.

Le travail est le signal de l'accouchement prochain ; il est caractérisé par trois ordres de faits :

1° Les douleurs de la femme ;

2° La dilatation de l'orifice interne ;

3° La formation de la poche des eaux.

Dès que le travail se déclare, il faut veiller à la vacuité de la vessie et du rectum ; sonder la femme et lui donner un lavement.

Toute femme doit avoir des douleurs pour être en travail, mais encore est-il nécessaire de les bien interpréter. Il ne suffit pas qu'elle souffre, il faut que les douleurs siègent dans le bas-ventre, s'irradient « vers la région de la vessie et la partie supé-

(1) En réalité, ce chapitre eût peut-être été mieux intitulé, « DU TRAVAIL ET DE LA POCHE DES EAUX », car il leur est à peu près exclusivement consacré. Fidèle à la *Pratique des Accouchements* nous avons conservé cet en-tête : « L'Accouchement naturel », volontairement ; c'est, en effet, celui qui désigne le chapitre de Portal auquel il est surtout fait allusion ici.

rieure des pubis, se portent vers la nature et vers le fondement ».

La dilatation de l'orifice interne ne peut être reconnue que par le toucher, qu'il est indispensable de toujours pratiquer au plus tôt. Et pour cela, ayant préalablement chauffé, puis graissé son index « avec un corps qui n'ait rien d'odoriférant (car Portal redoutait fort pour la parturiente les parfums développés dans son voisinage), se servant de l'une ou l'autre main suivant la situation occupée par le lit, on la glissera entre les cuisses de la malade, ou par-dessous l'une des mêmes cuisses, pour intro·duire le doigt entre les deux lèvres externes de la matrice, afin de les écarter l'une de l'autre, autant que l'on pourra par le moyen de ce doigt, commençant aux parties supérieures de ces lèvres, et descendant le long du clitoris ; l'on prendra soigneu·sement garde de blesser l'urèthre qui se trouve situé au-dessous ; l'on séparera les nymphes, l'on coulera son doigt à l'orifice externe dans le vagin ou col de la matrice, à l'extrémité duquel l'on sentira l'orifice interne nommé la bouche de la même matrice, qui se trouve alors fort affaissée, s'approchant de l'orifice externe, en sorte qu'au bout du doigt l'on sent facilement qu'il se dilate et s'entr'ouvre, quand le travail est véritable ; et c'est à quoi le chirurgien ou la sage·femme doivent bien prendre garde, pour reconnaître si la femme commence d'être en travail ou non, afin de ne pas se tromper en leurs pronostiques. »

La dilatation de l'orifice interne, à elle seule, ne suffit pas pour affirmer le travail ; il y a lieu de compter avec sa rétrocession : « On voit des matrices s'ouvrir pour vider ce qu'elles ont de superflu, et qui se referment après cette évacuation ; j'ai vu des femmes dont la matrice s'ouvrait de la largeur d'une pièce de quinze sols, se refermer durant le temps de la grossesse, sans qu'elles en reçussent aucune incommodité, lesquelles ont enfin accouché heureusement dans le terme naturel. C'est pourquoi il ne suffit pas, pour reconnaître le travail, de trouver cet orifice ouvert, il faut encore que la femme sente des douleurs, telles que nous les avons expliquées ci-devant. »

Bien que Portal signale souvent l'orifice « mollet », il ignorait le ramollissement du col ; le col lui-même n'était pas défini, nous l'avons vu.

Dilatation et douleurs doivent donc marcher de pair. Le toucher, pour être profitable, doit être pratiqué entre les contractions ; il renseigne alors sur la présentation :

« Lorsque les membranes viennent à se retirer, et que la douleur étant passée les eaux se retirent, et les membranes se flétrissent, on sent plus facilement au travers de ces membranes la partie qui se présente la première, que lorsque la membrane est tendue par les eaux ; c'est-à-dire gonflée. »

Quelles que soient son utilité et la nécessité de le faire, il faut savoir en être sobre, car il n'est pas sans inconvénients. Un toucher trop fréquemment répété, douloureux presque toujours pour la femme, risque encore « d'enflammer les parties, d'irriter et violenter l'anneau », qui va s'élargir de plus en plus. Cette recommandation, dans sa simplicité, n'était pas superflue, car les observations nous disent trop souvent l'abus qu'on en faisait, et le peu de douceur qu'on y apportait.

Tout travail enfin, les membranes étant intactes, s'annonce par l'apparition de la poche des eaux. Celle-ci résulte de l'action de l'utérus, secondée par les efforts de la femme, sur les eaux contenues dans les membranes. Elle n'a pas toujours le même aspect ; la plus propice, celle que l'on rencontre le plus fréquemment, est la poche ronde ; elle peut être aussi « longue » ; plate ou en boudin, dirions-nous aujourd'hui. Et il n'est pas jusqu'à sa forme qui, judicieusement interprétée, ne puisse fournir des indications pronostiques utiles :

« Par la nature, constitution et diminution des membranes, on peut bien souvent juger du travail ; car si elles sont rondes, elles marquent ordinairement un travail naturel et heureux : mais non pas toujours,parce que quand l'enfant présente les fesses ou l'épaule, elles sont souvent aussi rondes qu'elles le sont en l'accouchement naturel. Au contraire, si les membranes sont de figure longue, elles marquent un accouchement contre nature. Les sages-femmes veulent que les membranes prennent la forme et la nature de la partie qui se présente. »

Portal avait bien vu le rôle joué par la poche des eaux ; c'est un agent précieux de dilatation, et l'exposé qu'il en fait est remarquable :

« L'on doit remarquer que le travail pour l'accouchement se prépare lorsque les eaux commencent à pousser, comme j'ai dit, et à former une espèce de vessie pleine de ces eaux ; et cette vessie ressemble à celle d'un porc, lorsqu'on l'a remplie d'eau ou d'air. Ces eaux poussent les membranes qui, dans le commencement du travail, ne paraissent que de la grosseur d'une noisette. Mais à proportion que les douleurs redoublent et poussent les eaux, et que les eaux dilatent les membranes, elles obligent l'orifice de se dilater peu à peu ; et, les eaux venant à se retirer, la membrane se flétrit quand la douleur est passée jusqu'à ce que, la douleur recommençant, les eaux font encore gonfler les membranes, lesquelles font violence à l'orifice interne, comme je viens de dire, l'ouvrent et le dilatent par la grande extension qu'elles font de ces membranes qui renferment les eaux et l'enfant. La dilatation de cet orifice se fait insensiblement, et presque sans qu'on s'en aperçoive : et il se passe des jours entiers en quelques femmes, avant que cette dilatation soit au point qu'elle doit être ; et en d'autres, l'accouchement va fort vite, et si promptement, qu'à peine y arrive-t-on assez tôt : et l'on voit qu'en très peu de temps les membranes qui ne sont par l'impulsion des eaux que de l'épaisseur d'une noisette, deviennent en très peu de temps comme un œuf, et quelquefois en certaines femmes, de la grosseur de la tête de l'enfant, et occupent bien souvent tout le passage et l'orifice externe. »

Sollicitée de plus en plus par les contractions de l'utérus et les efforts de la femme, il arrive un moment où l'élasticité des membranes, vaincue, cède à la pression : la poche s'est rompue, mais par un phénomène auquel l'enfant est resté complètement étranger ; et Portal blâme Viardel qui prétend que l'enfant « ne pouvant plus se contenir dans la matrice faute de nourriture et de respiration, et d'ailleurs étant à charge à la matrice, rompt et déchire en piétinant les membranes dans lesquelles il était enveloppé ».

« Je réponds à cela, dit Portal, que s'il est vrai que l'enfant rompe les membranes en les poussant avec les pieds, elles ne descendraient pas si grosses qu'on les voit bien souvent venir aux orifices de la matrice, où elles paraissent pour l'ordinaire comme une vessie de cochon, quand elle est bien pleine. »

Il note la rupture prématurée, son influence sur l'accouchement : « Il y a des femmes qui vuident des eaux bien longtemps avant que d'accoucher, et pour l'ordinaire en celles-là les accouchements sont fort longs. »

Le moment auquel doit se faire la rupture n'est pas indiqué ; sans préciser davantage, il dit que lorsqu'elle tarde à se faire, et que la poche des eaux est « volumineuse », il faut la pratiquer :

« Aussitôt que ces eaux et ces membranes sont venues à une certaine période, et qu'on les perce ou qu'elles se percent d'elles-mêmes, deux ou trois douleurs venant après à la femme, l'enfant sort » — « bien souvent dans les travaux difficiles, nous les ouvrons dans la matrice, ayant expérimenté plusieurs fois qu'après qu'elles sont ouvertes, la seconde ou la troisième douleur amène la tête de l'enfant, et que dans ce moment la femme se trouve délivrée d'un pesant fardeau ». Aussi, lorsque les membranes étant rompues, la tête de l'enfant « ne suit pas, c'est signe que le travail sera laborieux et pénible ».

De l'expulsion en elle-même et de son mécanisme, il ne dit à peu près rien :

« L'enfant sort par les efforts de la mère et par les siens propres, la tête la première et le reste ensuite. C'est ce que nous appelons accouchement naturel. » On ne saurait être plus laconique. Cette idée de la part active jouée par le fœtus, lui est chère, car il réédite l'erreur souvent :

« Cela vient aussi quelquefois de la faiblesse de l'enfant, qui ne pouvant aider la mère pour sa sortie, demeure longtemps au passage. » C'en est un autre « qui n'a pas des forces pour se procurer lui-même sa sortie ». Ce sont les efforts de la mère qu'il déclare sans effet « à cause que l'enfant se trouvait faible, et ne poussait que très peu ». C'est, enfin, un accouchement facile, parce que l'enfant aide bien à la mère et « pousse vertement ». C'est pour cette raison que l'on considérait comme devant être très difficile l'accouchement d'un enfant mort.

Aucune réflexion sur le mode de dégagement de la tête. Par contre, Portal signale dans le dégagement des épaules, la possibilité d'une cause de dystocie ; il en craint parfois la sortie difficile, « se trouvant si larges que l'enfant demeure en chemin et ne peut aller plus avant », et il dit alors comment faire : « il suffit d'étendre les mains sur les parties latérales de la tête, bien à plat sur les oreilles, et de les tirer en droite ligne avec adresse et jugement, sans perdre de temps ni donner de relâche », sans donner de relâche, parce que « j'ai vu des femmes dont la matrice se resserrait tellement après que la tête était sortie, et dont les orifices se refermaient avec tant de force, que si je n'y eusse pourvu promptement, l'enfant aurait été suffoqué et étranglé au passage ».

Cette crainte, exagérée, de la reconstitution rapide du col, nous la retrouverons à la délivrance. Il importe d'apporter dans cette manœuvre une grande douceur, afin de ne pas déchirer le vagin, et d'éviter « les blessures de l'urèthre et du rectum, d'où il arrive que les femmes en souffrent de très grandes incommodités le reste de leur vie, en rendant involontairement les matières fécales et les urines par le vagin ».

L'enfant sorti, « il faut avoir l'arrière-faix », nous en reparlerons à « la délivrance ».

La ligature du cordon n'était faite le plus souvent qu'après la délivrance, car l'on croyait volontiers que l'enfant continue à « transpirer par le cordon », pendant quelques temps après sa naissance. Portal recommande de faire la ligature à deux travers de doigt de l'ombilic, ne la faisant double que dans le cas de grossesse gémellaire ; il insiste sur la nécessité de la bien serrer, afin d'empêcher toute perte de sang ultérieure, si préjudiciable au nouveau-né ; il cite des cas de mort pour n'avoir pas bien suivi cette prescription.

On lit dans G u i l l e m e a u, à ce sujet, un passage amusant : « quelques-uns observent qu'il faut lier ledit nombril plus court ou plus long selon la diversité du sexe. Comme aux mâles, il le faut tenir plus long et que telle longueur fait que la langue et le membre viril en sont plus longs, et que cela sert à mieux parler et servir les dames. Et que le liant court, et presque joignant le ventre aux femelles, elles ont et la langue et le conduit de leur nature moins large et plus resserré, et à vrai dire ordinairement, les dames, en riant, disent à la sage-femme, étant un garçon : qu'on lui fasse bonne mesure, et aux filles qu'il soit lié court ».

Les suites de couches normales comportaient pour Portal une thérapeutique des plus simples. Il plaçait à .a vulve un linge chaud, le bouchoir des sages-femmes, « pour empêcher que l'air ni le froid ne puissent pénétrer dans la matrice, lesquels pourraient empêcher l'évacuation des vidanges, gonfler la matrice, et y causer de fâcheux symptômes », et en ayant soin de ne pas le serrer « contre la bouche de la matrice, parce que cela pourrait arrêter le cours des vidanges ». Lorsque l'accou-chement avait été laborieux, il faisait « étuver les parties exté-rieures avec une décoction d'orge et de cerfeuil ». Aussitôt après l'accouchement, la nouvelle accouchée prenait une potion com-posée de cinq onces d'eau de pariétaire et de deux onces de sirop de capillaire avec le jus de deux oranges aigres. « Elle est admirable, dit Portal ; l'eau est apéritive, le sirop et l'orange aident pour les vidanges, et quelques-unes en sont soulagées des tranchées. » Puis, comme Mauriceau, contrairement à l'opinion alors fort répandue d'empêcher par tous les moyens, lectures, etc..., la femme de s'endormir, il la laissait reposer. Les jours qui suivaient, elle devait seulement prendre chaque jour deux lavements « doux et raffraîchissants », et pouvait manger en petite quantité, de bonne nourriture. « Je ne fais point de doute, que les femmes ne mangent après être accou-chées, puisque les animaux, sans comparaison, nous montrent

le chemin. La brebis, dès qu'elle a niellé, mange et commence à
paître comme si elle n'avait point niellé ; et ainsi des autres animaux. Et la femme, qui est un animal raisonnable, peut manger
avec raison, puisque Dieu lui a donné plus de lumière qu'aux
autres animaux. Pour moi, je ne m'oppose point que mes accouchées puissent manger un peu, n'ayant point de fièvre, et je
me suis toujours bien trouvé de les laisser manger un peu
jusqu'au lait : alors je les laisse trois jours sans les faire manger,
ne leur donnant que des bouillons et des œufs. » Le temps que
la femme devait garder le lit n'est pas indiqué ; il parle de ci
de là de femmes qui sont restées couchées neuf, dix, quatorze,
vingt jours, sans faire d'autre remarque. Il cite même, avec effroi,
le cas d'une sage-femme qui, accouchée à huit heures du soir,
mandée à minuit par une cliente en travail, s'habilla aussitôt,
gagna la maison à pied, fit l'accouchement, et revint tranquille-
ment se coucher, sans avoir eu par la suite à se repentir de son
imprudence.

PRÉSENTATION DE LA FACE

Le pronostic que Portal réservait aux présentations de la face l'avais mis en contradiction avec tous ses contemporains et il est utile, avant de dire quelle était son opinion, de voir ce qu'ils en pensaient. La présentation de la tête défléchie était considérée comme de très mauvais augure. Viardel en fait foi :

« Un des fâcheux accouchements, dit-il, est lorsque la face de l'enfant se présente la première au passage ; si on n'y remédie promptement, toutes les douleurs et tous les efforts de la femme sont bien souvent inutiles, en sorte qu'elle ne saurait heureusement accoucher, si elle n'est promptement secourue : car l'enfant court risque d'étouffer au passage, d'autant que les douleurs pressantes, faisant abaisser le corps de l'enfant, lui font plier le col en arrière et renverser la tête. Il est bon de reconnaître cette fâcheuse position avant l'écoulement des eaux, de peur que l'enfant, trop longtemps dans cette position, ne périsse. » Il faut donc modifier au plus tôt la face en sommet, et pour ce faire, Viardel signale plusieurs moyens : on introduit derrière la tête, sur l'occiput, une main matelassée d'une compresse « pour éviter aucune contusion ni meurtrissure », et on abaisse l'occiput doucement « jusqu'à ce que le menton de l'enfant touche la poitrine », ou bien on met un doigt dans la bouche, « faisant abaisser la mâchoire inférieure, ou pour mieux faire entendre, le menton, en sorte que le bout puisse toucher le sternum » ; — ou encore : « Si l'on ne peut pas repousser l'enfant autant qu'il faudrait, on doit mettre le pouce ou l'index dans la bouche de l'enfant, et on attirera doucement la tête. » Le moyen de prédilection est le premier, et c'est celui que préconise aussi Peu, à la compresse près. Pour Peu, les présentations de la face doivent être transformées en présentations crâniennes ; il est nécessaire de faire la réduction avant la rupture de la poche des eaux, et si elle a échoué, il admet l'emploi du crochet qui, « toutefois, sera rarement nécessaire ». Mauquest de Lamotte considère ce mode d'accouchement comme très difficile : « qui me paraît une des plus fâcheuses en laquelle il puisse se présenter » ; il conseille de repousser le menton, d'amener le sommet, et, si l'on n'y réussit pas, de faire la version. Lui-même a plusieurs fois essayé en vain réduction et version, et pourtant, dans ces cas il a vu l'accouchement par la face se terminer naturellement. Il ne cache pas son étonnement; mais les faits n'ont pas suffi à le convaincre : « C'est même, dit-il, ce que je ne comprends pas, qu'une femme puisse accoucher quand l'enfant vient de la sorte, quoiqu'il me soit arrivé plusieurs fois, sans qu'il m'en soit encore péri aucun. »

Dionis prêche la conversion en présentation crânienne. Mauriceau lui-même, et bien qu'ayant été témoin, lui aussi, de présentations de la face se terminant spontanément, déclare que « en cette posture, il est très difficile que l'enfant vienne ». Il recommande de toujours redresser la tête avec les mains, et, au besoin, de faire la version.

Il faut reconnaître qu'il y avait du bon dans ce moyen puisque, le cas échéant, nous l'employons encore aujourd'hui, et que Pinard, dans la manœuvre qu'il a préconisée pour essayer de transformer la face en sommet, au début du travail, s'est lui-même inspiré de la vieille méthode française. Ce n'est donc

M.   5

pas elle qui était mauvaise, mais bien l'usage excessif que l'on en faisait, né de la peur qu'inspirait aux accoucheurs la présentation de la face ; elle leur faisait porter dans tous les cas un pronostic sombre, et leur dictait la nécessité d'intervenir toujours, souvent trop tardivement. C'est sans doute à des cas dans lesquels la version podalique était devenue impossible que Peu faisait allusion quand il parlait de la nécessité de se servir parfois du crochet.

La possibilité et la bénignité de l'accouchement par la face abandonné à lui-même avaient déjà été esquissées par Louise Bourgeois ; avec Portal allait s'affirmer la doctrine de l'abstention. Tout au plus pour lui la femme aura-t-elle à souffrir « une grande dilatation qui se fait de toutes ses parties », le travail sera-t-il un peu plus laborieux, l'enfant défiguré momentanément. Hormis ceci, rien à craindre :

« Il y a une sorte d'*accouchement qui ne s'éloigne pas beaucoup du naturel*, quoiqu'il soit un des plus délicats et des plus contre-nature ; c'est lorsque l'enfant présente la face la première.

« Si on ne considère bien ce qu'on fait, il peut arriver de grands accidents, et plus qu'en aucun autre d'iceux, dont je parlerai ci-après, parce qu'en voulant introduire le doigt pour aider la femme qui est en travail, on se met au hasard de crever un œil à l'enfant.

« Pour éviter cela, il faut y apporter une grande précaution, et examiner doucement avec le doigt si on sent la bouche, le nez, les yeux, le front et le menton de l'enfant. *Et ayant observé et reconnu que c'est la face, il faut se donner patience* et ne porter la main aux parties de la femme que pour y mettre du beurre, afin qu'il aide à adoucir et relâcher les parties, et donner de la facilité pour la sortie de l'enfant, d'autant que par ce moyen elles deviennent plus souples et plus capables de laisser glisser la face de l'enfant.

. « Il faut que celui ou celle qui opère, ait toujours la prudence de ne rien irriter avec ses doigts ; autrement, il causerait mille fois plus de mal à la femme et à l'enfant, que l'accouchement ne pourrait leur en faire, *n'y ayant pas plus de mystère en celui-là qu'au naturel.* Tout ce qui peut arriver à l'enfant, c'est de souffrir, et d'avoir la face noire et tuméfiée, *n'arrivant jamais d'autres accidents à l'égard du travail.* »

Ailleurs, il dit :

« *J'ai accouché plusieurs femmes, dont les enfants venaient la face de travers, et cependant toujours heureusement :* d'où il s'en suit que *quand le visage se présente le premier, il ne faut rien violenter, parce qu'il n'en arrive jamais rien de fâcheux ni à la mère, ni à l'enfant.* »

C'est que Portal avait eu, plus que Mauriceau et ses autres collègues, pendant son long séjour à l'Hôtel-Dieu, l'occasion de voir beaucoup de présentations de la face, et avait pu se familiariser avec elle. Aussi une seule fois, dans ses observations, est-il parlé de version faite en son honneur, car il n'était absolu en rien : « Je me résolus à avoir patience et à attendre les douleurs ; *mais deux heures s'étant passées sans qu'il en vînt aucune, et les forces de la femme diminuant, cela me fit prendre résolution de l'accoucher.* Elle me priait de moment à autre de la vouloir soulager, ou de lui ouvrir le ventre, à cause de la grande pesanteur qu'elle disait sentir dans la matrice et dans les parties circonvoisines, comme dans la vessie. Je glissai mes doigts, après les avoir graissés, dans les parties de la femme, avec lesquels je repoussai l'enfant le plus doucement qu'il me fut possible, parce que si l'on fait la moindre violence à la matrice, on peut la déchirer proche de l'orifice interne, comme je l'ai vu arriver à un opérateur.

« Je repoussai ainsi l'enfant par où il était venu, quoiqu'avec une peine et une patience extraordinaires. Je portai mon doigt fléchi dans la bouche de l'enfant, je repoussai la mâchoire inférieure contre sa gorge, c'est-à-dire contre son col et ses clavicules ; appliquant ensuite mes doigts sur le front de l'enfant, je le poussai doucement ; cependant, je priai la malade qui me paraissait fort débile de ne faire aucun effort pour pousser contre moi, d'autant que par là elle m'aurait empêché de faire ce que je souhaitais. Mais comme elle avait beaucoup de résolution et de vertu, elle souffrit avec confiance les douleurs que l'enfant et moi pouvions lui faire, et cette patience me servit beaucoup, pour repousser l'enfant dans le fond de la matrice. Ayant donc ainsi repoussé cet enfant, je glissai mes doigts le long de son corps, afin de pouvoir joindre les pieds, et les ayant trouvés, je les tirai et conduisis à l'orifice externe, et j'ondoyai l'enfant sous condition.

« Ensuite j'enveloppai ses pieds d'un linge, et par ce moyen je tirai l'enfant jusqu'aux épaules. Je dégageai les bras l'un après l'autre, et ensuite la tête. La malade reprit ses forces, et nous la vîmes revenir à elle, comme une chandelle qu'on vient d'allumer, dont la clarté s'augmente visiblement. »

Autrement, toujours il laissait à la nature le soin de terminer l'accouchement ; les seules recommandations qu'il fait sont : savoir être sobre du toucher, le pratiquer avec douceur pour ne pas blesser le visage de l'enfant ; mettre bien à profit les contractions de la mère ; avoir recours à quelques onctions de corps gras sur l'orifice. Pour la face de l'enfant, dont l'aspect particulier, presque repoussant, mais sans gravité, faisait croire à la sage-femme dont il est parlé dans l'observation 66, que c'était un monstre: « lui faire un liniment avec huiles d'amandes douces et d'hypericon, y appliquer des compresses trempées dans du vin vermeil battu avec ces huiles, prenant bien garde que ce liniment n'entre dans les yeux de l'enfant, à cause de la cuisson qu'il pourrait lui causer. Ces espèces de contusions se dissipent aisément par ce remède. » Outre le chapitre que P o rt al a consacré à la présentation de la face, les observations, qui s'y rapportent sont peu nombreuses ; des trois qui y ont trait, nous tenons à reproduire les deux suivantes :

Obs. 27. — Un samedi 11ᵉ jour de mai 1671, je fus appelé pour voir la femme d'un cordonnier qui demeurait dans la rue Brisemiche, paroisse Saint-Médéric. Je la trouvai dans son lit, lje la touchai, et sentis que l'enfant présentait la face, et qu'elle était fort serrée et pressée. J'y portai du beurre que j'avais fait durcir dans de l'eau froide, parce qu'il était trop mou. Et pour faciliter la sortie de l'enfant, je conseillai à la femme de s'efforcer et de pousser, lorsque la douleur la tiendrait et non autrement, parce que tous les efforts qu'elle pourrait faire à contre-temps lui seraient plutôt nuisibles que salutaires ; *et qu'il fallait laisser venir la face, quoiqu'elle dût rendre le travail plus laborieux et plus long, qu'il ne fallait rien violenter, mais laisser faire la nature ;* que si on la touchait souvent, l'on pourrait blesser la face de l'enfant ou quelqu'une de ses parties, et surtout les yeux, étant certain que presque tous les enfants qui viennent de cette sorte, ont la face toute contrefaite et pleine de meurtrissures ; mais cela se rétablit par le moyen du vin et des huiles, dont j'ai parlé ci-devant au chapitre III. *Jugeant donc qu'il ne fallait rien précipiter, je demeurai là sans presque rien faire autre chose que de porter du beurre dans les orifices de la matrice : de sorte que notre patiente fut victorieuse, et l'accouchement fort heureux pour l'enfant.*

Obs. 66. — Un mardi 7 du mois de mars 1676, je fus appelé rue Baillet, pour y accoucher une femme, que je trouvai couchée sur le dos, devant un feu où la sage-femme la tenait toute découverte. Cela me fit lui demander où était la pudeur qu'elle devait avoir, et pourquoi elle tenait cette femme ainsi découverte. D'abord à la vue, l'ouverture de l'orifice externe ressemblait à un masque, parce qu'on voyait la face d'un enfant, bornée de tous côtés par les lèvres extérieures des parties de la femme. Le front était situé sur la fourchette, proche de l'anus, et les yeux de l'enfant étaient effroyables.

Après avoir vu les parties, je représentai encore plus fortement à la sage-femme, qu'il fallait agir avec plus de prudence qu'elle n'avait fait, et qu'on ne saurait avoir assez de retenue dans tous les accouchements.

Elle s'excusa, en me disant qu'elle avait été surprise, voyant la disposition de cet accouchement ; qu'elle avait cru que c'était un monstre, et qu'elle n'avait jamais rien vu d'approchant.

Je pris du beurre, j'en frottai mes doigts, je les glissai entre les lèvres des parties de la femme et le front et les joues de l'enfant, tâchant à dilater autant qu'il me fut possible. J'en fis de même à la partie supérieure, mais tout cela ne produisait rien. C'est pourquoi je portai mes doigts entre le front de l'enfant et la fourchette sur l'anus de la mère ; laquelle sentant la compression que je faisais avec mes doigts, fit un si grand effort que la tête sortit tout d'un coup. Je tirai le reste du corps, en prenant la tête par les parties latérales, et en mettant ma main à plat sur les oreilles pour le tirer. L'ayant mis dehors, j'étuvai la face de l'enfant avec du vin un peu chaud, laquelle se rendit en son premier état, quoiqu'elle fût toute noire.

J'ai accouché plusieurs femmes dont les enfants venaient la face de travers, *et cependant toujours heureusement :* d'où il s'en suit *que quand le visage se présente le premier, il ne faut rien violenter, parce qu'il n'en arrive jamais rien de fâcheux, ni à la mère ni à l'enfant,* ainsi que nous l'avons déjà dit.

Portal, le premier, avait affirmé nettement la bénignité de la présentation de la face abandonnée à elle-même; tour à tour discutée dans un sens ou dans l'autre, elle est maintenant reconnue. Varnier, qui a relevé les présentations franches de la face dans la statistique, de 1883 à 1893, du service de Lariboisière et de la clinique Baudelocque, ne comprenant pas moins de 23,000 accouchements, arrive aux conclusions suivantes : sur 57 cas de présentations franches de la face, 52 se sont terminés spontanément ; 5 fois une application de forceps a été jugée utile. Toutes les mères ont guéri ; 2 enfants seulement sont morts du fait de la présentation.

« C'est donc, en définitive, dit Varnier, 2 cas de mort sur 57 du fait de la présentation de la face, soit une mortalité de 3,5 p. 100. Il n'y a pas là une différence notable avec le nombre des morts qu'accusent les statistiques portant sur les présentations du sommet, si l'on considère pour ces dernières toutes les positions et variétés de positions, ainsi que nous le faisons pour la présentation de la face. » *(Revue pratique d'Obstétrique et de Pædiatrie,* octobre 1893.)

PRÉSENTATION DU SIÈGE

Portal distingue deux modes de présentation du siège :
« lorsque l'enfant présente les pieds, ou que c'est l'anus ou fondement ». Siège complet dans le premier cas; siège décomplété
mode des fesses, dans le second : « l'enfant vient alors plié en
double, les cuisses couchées sur le ventre ». Ni l'une ni l'autre
de ces présentations ne l'inquiétait.

L'issue du méconium est un signe caractéristique de la présentation des fesses :

« On connaît cet accouchement, lorsque les membranes qui
contiennent les eaux sont percées, et, les eaux étant écoulées, il
en sort une matière noirâtre, que les bonnes femmes appellent en
français la colle ou la poix, les Grecs le méconium, qui est à
dire la larme du pavot, qui est l'excrément de l'enfant qui
s'évacue. *En ce cas, il faut avoir patience, et laisser agir la
nature.* L'enfant présente dans cette conjecture l'anus ou le fondement le premier, et cela se connaît par la sortie de cette
matière. »

Le toucher fournit aussi des indications précieuses : « Je
remarquai que l'enfant présentait les fesses, ce que je reconnus
de deux manières : la première, par le tact de l'extrémité de mon
doigt ; la seconde, par les excréments. La première, je sentis
avec mon doigt si je ne trouvais aucune résistance, comme il
arrive quand c'est la tête, l'épaule ou le genou, ou quelque
autre partie de telle nature ; mais je sentis à l'extrémité de mon

doigt une espèce de cavité entre deux éminences ou parties char-
nues, comme sont les muscles fessiers. La deuxième se fit connaître au bout de mon doigt par une matière noirâtre, ressem-
blante en consistance et en couleur à de la casse mondée ; et
lorsque tel signe nous apparaît, cela nous donne à connaître que
les membranes des eaux sont ouvertes ; *et c'est un signe assuré
que l'enfant présente l'anus ou fondement.* »

A ce propos, Portal prend souvent à partie Viardel ; sans le
taxer « d'ignorance crasse », comme le faisait Mauriceau, il
s'attache à réfuter, et avec raison, ses idées : Viardel prétendait
que l'expulsion du méconium in utero est un signe certain de la
mort de l'enfant :

« Je la touchai, dit-il, et j'observai, ayant retiré ma main, que
les doigts avec lesquels je l'avais touchée, étaient teintés d'une
couleur noirâtre et saffranée, semblable à celle du méconium ;
je reconnus par là que l'enfant s'était vuidé, et par conséquent
qu'il était mort. »

Portal refuse cette signification à l'expulsion du méconium,
et en fait la caractéristique de la présentation du siège.

« Je dis que cela n'a pas été observé jusqu'à présent. Pour
moi, je crois qu'il n'a pas raison, étant de notoriété publique,
parmi ceux qui travaillent aux accouchements, que de cent
enfants qui viennent l'anus le premier, il en réchappe quatre-
vingts, quoique le méconium paraisse toujours en ces sortes
d'accouchements. »

Toujours est peut-être exagéré ; dans tous les cas, l'introduction d'un doigt dans l'anus est un moyen de diagnostic à rejeter
complètement, en prévision du danger de provoquer chez l'enfant, encore contenu dans la cavité utérine, le réflexe respira-
toire.

Pour Portal, suivant que l'une ou l'autre de ces présentations a été reconnue, la conduite à tenir n'est pas toujours la même : sont-ce les pieds, il n'y a rien à faire, tant que la dilatation n'est pas complète ; mais aussitôt que la dimension de l'orifice le permet, il faut intervenir, aller à la recherche d'un pied, et extraire l'enfant.

« Si l'orifice interne ne se trouve point mollet et délié, il ne faut pas se presser d'accoucher la femme, ni hasarder de tirer l'enfant, la disposition n'y étant *que quand l'ouverture est considérable ; et alors il faut tirer l'enfant, et non autrement.* »

Si ce sont les fesses qui se présentent les premières, il recommande une expectation plus prolongée ; l'indication d'intervenir est ici, à ses yeux, moins nette, car l'accouchement par les fesses « pour l'ordinaire long, est néanmoins presque aussi facile que le naturel ; ce qui fait dire aux sages-femmes en commun proverbe, que là où le cul passe, la tête peut bien passer. L'on tire l'enfant par les pieds, *lorsqu'ils se sont dégagés*, et ensuite l'on tire les épaules et la tête ».

Nous simplifierons la méthode, en la rectifiant : dans le siège complet, comme dans le siège décomplété mode des fesses, tant que l'enfant ne souffre pas, il n'y a rien à faire, il faut savoir attendre : « En dehors de ces cas (prolongation du travail paraissant devoir être nuisible à la mère et au fœtus, ou au fœtus seul) qui vous forcent la main par une indication précise et formelle, gardez-vous d'intervenir, vous rappelant que « quand le siège ou les extrémités inférieures se présentent, c'est aujourd'hui une règle générale, chez les praticiens les plus habiles, d'attendre son expulsion des douleurs » (Denman, Farabeuf et Varnier).

Encore l'indication d'intervenir est-elle plus fréquente dans le siège décomplété. Tout en préconisant l'expectation soutenue,

Portal n'était pas intransigeant, et, quoi qu'il ait écrit, il inter·
venait souvent aussi, dans ce cas ; ses observations en témoignent.

S'il avait raison de ne pas s'effrayer d'une présentation du
siège, il semble par contre avoir ajouté foi à l'aphorisme des
matrones de son temps, « là où le cul passe la tête peut bien
passer », vrai seulement à la condition d'être retourné. Pourtant,
il n'ignorait pas que le siège est un moins bon agent de dilatation
que la tête ; il parle d'un enfant qui a souffert « à cause de
l'étrécissement des lieux qui ne sont jamais aussi ouverts, que
quand les choses viennent naturellement ». Il savait que la tête
est moins réductible, et maintes fois il s'est trouvé aux prises
avec des difficultés sérieuses au moment de la dégager, ou même
d'extraire les épaules.

« Mais quand il fut aux épaules, j'eus besoin de toute ma
force et de mon adresse, en introduisant mes doigts sur l'acro-
mium droit, en les glissant le long du bras du même côté jusqu'au
coude ; et en le pliant, je le dégageai, en mettant ma main gauche
sur la poitrine, et la droite postérieurement sur les vertèbres
du col de l'enfant ; et cela me faisant de la peine, je me vis forcé
de porter un de mes doigts dans la bouche : ce qui me servit
beaucoup à dégager le menton. Je priai alors la malade de lever
un peu les fesses et de s'appuyer sur les talons, ce qu'elle fit
courageusement ; et cela me servit beaucoup à tirer l'enfant. »

L'extraction de l'enfant par le siège sera décrite en détail, à
la suite de la version podalique ; notons seulement que pour
dégager la tête il appliquait une main sur le sternum, l'autre
sur la nuque ; si la tête ne venait pas, il recourait alors à l'intro·
duction d'un doigt dans la bouche.

Voici une observation de présentation des fesses : « Je crus qu'il me fallait donner patience, aidant seulement la nature par quelque liniment. *Il est à remarquer, dans cette occasion comme en tous les accouchements, qu'il ne faut jamais presser ni violenter une femme dans son accouchement tant naturel que contre nature, comme en celui-ci, attendu que par les douleurs et les efforts que la femme fait, les fesses qui se présentent les premières sortent comme fait la tête, lorsque la femme est malade d'un accouchement naturel.* Il est vrai que cet accouchement est un peu plus laborieux lorsque les fesses se présentent les premières que lorsque l'enfant se présente naturellement.

« Ayant remarqué que la malade était faible, et dans ses efforts, et que l'enfant poussait et aidait la mère qui poussait alors vertement, je lui aidais, autant qu'il m'était possible, à séparer les fesses, ces parties n'étant retenues que par les parties des membranes de la femme qui arrêtent l'enfant, qui poussant avec les efforts que la femme et l'enfant font, et ne trouvant point de résistance, causent de cruelles douleurs à la malade.

« Pour lors celui ou celle qui opère, peut un peu aider à la femme, en séparant avec ses doigts le cuir ou lèvres de côté à autre des fesses de la femme, comme je fis en celle-ci : ce qui fit que l'enfant vint plus aisément, les fesses les premières, sans rien forcer ni précipiter, tant du côté de la mère que du mien, parce que dans l'effort que l'on ferait, on pourrait rompre une cuisse ou une jambe à l'enfant. Les fesses, les cuisses, les jambes et les pieds étant sortis dehors, je tirai le reste sans beaucoup de peine ; mais l'enfant mourut peu de temps après avoir été ondoyé, et la mère se porta fort bien. »

Ailleurs, il n'attend pas que l'expulsion se fasse d'elle-même :

« Je sentis un enfant qui présentait la fesse droite ; ce qui m'obligea, les eaux étant écoulées par l'ouverture des membranes, de repousser doucement l'enfant avec mes doigts, que je glissai ensuite le long de la cuisse et de la jambe, afin de trouver le pied; et l'ayant senti, je le tirai dehors les orifices. Après cela je pris un linge et je le tirai dehors, aussi bien que le corps et les épaules, mais j'eus bien de la peine à dégager la tête. Il fallut que je portasse deux des doigts de ma main droite dans la bouche de cet enfant, en le soutenant de la gauche, que j'appliquai à plat sur sa poitrine: ce qui me fut d'un grand secours. »

Lorsque l'enfant naissait en état de mort apparente, ou simplement faible, Portal avait recours, pour le ranimer, à des pratiques de matrone, dont Mauriceau avait fait justice, mais à l'efficacité desquelles il croyait encore :

« C'était une fille que je trouvai très faible. Je délivrai néanmoins la mère avant que de couper l'ombilic, et je mis le placenta tout chaud, et comme il sortait de la matrice, sur le ventre de l'enfant, qu'on avait mis sur un carreau bien mollet devant le feu. Mais comme cet enfant était très faible, je pris un poëlon plein de vin que je fis chauffer, dans lequel je trempai des linges dont j'enveloppai l'enfant ; puis je mis sur le feu l'arrière-faix dans un autre vaisseau plein de vin, et ce vin venant à bouillir, l'enfant commença à respirer, après être demeuré plus d'un quart d'heure sans aucun mouvement, ni palpitation de cœur, ni des artères ombilicales, de manière que je le croyais mort. Je lui passais de moment en moment de l'oignon écrasé sous le nez et aux tempes ; je lui fis souffler du vin dans les yeux, dans la bouche, dans le nez, dans les oreilles et sur les tempes ; ce qui ne fut pas d'un petit secours pour faire revivre une belle fille, qui est aujourd'hui de l'âge d'environ dix-sept années. »

Un mot encore, à propos de la procidence du cordon dont

Portal avait bien vu le danger, qu'il interprétait sagement :

« Si le cordon est glissé dehors, dit-il, et si l'accouchement ne se fait promptement, il est toujours funeste pour l'enfant, parce que venant naturellement, la tête comprime et presse cet ombilic par où l'enfant transpire ; et ne le pouvant plus faire, il est suffoqué. »

LA VERSION PODALIQUE

Complètement abandonnée depuis fort longtemps, la version podalique avait été remise en honneur par A. Paré et par Guillemeau qui l'avaient léguée à leurs successeurs, enthousiastes à la recueillir. Quelle que soit la multiplicité des cas, oh ! combien grande, dans lesquels tous les accoucheurs du XVIIᵉ siècle lui firent appel, il serait téméraire aujourd'hui de juger le passé avec les idées du présent et de prétendre qu'ils en abusèrent vraiment.

Les accouchements normaux étaient rarement confiés à des chirurgiens ; la majorité de ceux dans lesquels ils étaient appelés à intervenir étaient dystociques ; les femmes qui les suppléaient étaient ou des matrones sans aucune éducation obstétricale, ou des sages-femmes d'instruction souvent insuffisante ; tous les auteurs de l'époque en font foi. Souvent soit par ignorance, soit par entêtement vaniteux, elles laissaient la situation s'aggraver pour n'appeler l'accoucheur qu'en désespoir de cause. Les moyens d'exploration pendant la grossesse n'existaient pas ; tout au plus savait-on que l'on peut, à un moment donné, sentir la tumeur utérine à travers la paroi abdominale, mais on n'allait pas plus loin ; aucun examen sérieux n'était pratiqué avant le travail, et jamais le diagnostic exact de la position du fœtus dans la matrice n'était fait. N'ayant ni l'auscultation, ni le palper, on ne connaissait pour tout moyen d'investigation que le toucher, et encore le réservait-on strictement pour le travail. Inconnue,

et pour longtemps encore, la version par manœuvres externes ;
le forceps, entrevu par Pierre Chamberlen, offert par son fils
à Mauriceau, avait été dédaigné par lui. Aussi, fatalement,
l'accoucheur devait-il, au moment décisif, se trouver en présence de difficultés que n'ayant su prévoir il n'avait pu éviter,
et qui nécessitaient de sa part autant d'énergie dans l'intervention que de promptitude dans la décision. Ces difficultés, les
observations de Portal nous les montrent fréquemment : c'est
une présentation transversale avec un bras procident, sur lequel
une main coupable a exercé des tractions ; ailleurs, c'est depuis
huit heures que le bras est hors de la vulve : « Le chirurgien
qui avait travaillé, comme je l'ai su depuis, avait fait ce qu'il
avait pu, et avait abandonné la malade, n'en croyant pas venir à
son honneur, après l'avoir tourmentée pendant sept heures ou
environ. Toutes ses parties se trouvaient irritées, et le bras de
cet enfant, gros, enflé et tuméfié, comme je l'ai déjà dit : ce qui
me faisait bien connaître que j'aurais de l'exercice autant que
j'en pourrais faire. » Ou bien c'était une tête que l'on avait laissé
s'engager à fond, qui ne voulait plus progresser, et sur laquelle on
était sans action. Ne pas tenter alors la version, c'était se mettre
dans l'alternative cruelle de se servir du crochet, arrêt de mort
fatal pour le fœtus, ou de laisser se produire une rupture utérine
et d'assister, les bras croisés, à la mort de la mère et de l'enfant.
On répugnait déjà à pratiquer une opération mutilatrice sur un
enfant vivant ; sur le fœtus mort seulement, l'usage du crochet
était admis, et comme l'on n'avait pas de moyen certain de
savoir s'il avait cessé de vivre, dans le doute on s'en abstenait :
« Et toutefois, dit Portal, il ne faut jamais venir à cette opération (le crochet) que lorsqu'il ne se trouvera point d'autres
moyens ; et l'on doit même être assuré, auparavant que de l'exé-

cuter, que l'enfant soit mort, et la mère en danger de perdre bientôt la vie. Hors de ces deux cas, il ne faut aucunement se servir de ce moyen. » Ainsi, enfant mort et mère mourante, on pouvait avoir recours au crochet, mais le mieux était encore « de tâcher de le tourner pour avoir les pieds, parce que c'est la méthode la plus sûre et pour la mère et pour l'enfant ».

Fatalement, on y arrivait! Une ressource en effet, la seule qui ne fût le plus souvent dommageable ni pour le fœtus ni pour la mère, existait, la version podalique, unique moyen d'accoucher, dans tous les cas où l'intervention de l'art devenait nécessaire, et où il subsistait une lueur d'espoir de sauver la vie de l'enfant : présentations de l'épaule, de la tête, et toutes les complications : hémorrhagies, convulsions, placenta prævia, qui dictaient la nécessité d'agir rapidement, en étaient passibles. Si l'on ignorait le mécanisme vrai de l'accouchement, du moins savait-on bien que tout fœtus, en quelque position qu'il fût, pouvait, par la version podalique, être extrait vivant, et cela seul légitimait son si fréquent emploi.

Aussi la tentait-on, au prix souvent de difficultés inouïes ; résolûment, avec l'habileté du praticien rompu à la manœuvre, on allait à la recherche du pied libérateur ; des situations désespérées étant ainsi résolues, n'était-il pas tout naturel d'y avoir recours encore dans les cas seulement difficiles, ou susceptibles de le devenir ? Ce n'était plus alors qu'un jeu, et l'on était certain de réussir. Et faudra-t-il s'étonner d'entendre Lamotte déplorer parfois la présentation de la tête, lorsque celle-ci profondément engagée dans le canal pelvien, et ne progressant plus, ne lui permettait plus de tenter la version podadique ? Lui, plus que tout autre de son époque peut-être, faisait l'impossible pour la pratiquer : il l'essayait encore lorsque la tête était à la vulve, et

M.   6

qui mieux est, il la réussissait dit Siebold ; ainsi, dans un cas où il y avait engagement de la tête, d'un pied et des deux bras. Quand, parcourant le traité de Portal, on a sous les yeux les services qu'elle rendait, on ne comprend pas comment elle avait été laissée volontairement si longtemps dans l'oubli. Ne soyons donc pas tentés de blâmer, si aujourd'hui, que, plus instruits et mieux armés, nous avons pu, grâce à la richesse de nos moyens d'exploration, grâce à la version par manœuvres externes et au forceps, restreindre considérablement les indications de la version podalique.

Portal en connaissait si bien les plus menus détails, que son traité nous donne de la manœuvre une technique presque parfaite. Après avoir placé la femme dans la situation obstétricale, il disposait sa main en fuseau pour en réduire le plus possible le volume :

« Je portai doucement la main droite en tenant mes doigts étendus et serrés les uns contre les autres, dans l'orifice externe de la matrice ; puis les poussant le long du vagin jusqu'à l'orifice interne de la matrice, je le trouvai tout disposé et assez ouvert pour recevoir ma main et mes doigts qui sont les instruments les plus propres pour l'opération. »

Il sait la nécessité de trouver un orifice complètement dilaté ou dilatable ; l'est-il incomplètement, il faut tâter le terrain avant d'aller plus loin, tenter de l'ouvrir avec les doigts :

« Si cet orifice se trouve mollet et délié, on peut travailler ; mais s'il est autrement, il ne faut pas faire l'opération ; car si cet orifice est épais, il faut se donner de garde de toucher à la matrice, que lorsqu'il se relâchera et s'amollira ; ce qui se connaîtra en introduisant un doigt, et à la faveur de celui-là un second, puis un troisième ; et en les écartant tous trois l'un de l'autre, on fera une espèce de speculum matricis, et par ce

moyen on ouvrira peu à peu l'orifice, et on coulera avec douceur, dans la matrice, tout le corps de la main.... »

Il connaissait le danger de désinsérer l'utérus de ses attaches
vaginales; il recommande d'empaumer avec la main restée libre
le fond de l'utérus, afin de « l'empêcher de s'élever ». Il n'ignore
pas de quel secours peuvent être l'intégrité de la poche des eaux
ou sa rupture récente : « et comme les eaux de l'enfant, qui sont
contenues dans les membranes, n'étaient pas toutes écoulées, elles
me furent d'un grand secours pour tourner l'enfant plus facilement, à cause de leur humidité qui était restée dans la matrice ».
A-t-on trouvé la poche des eaux intacte, il conseille, comme de
Lamotte, et avec raison, de rompre les membranes « avec un
grain de sel ou plutôt une épingle », au niveau de la poche des
eaux, contrairement à la recommandation formulée par Peu de
cheminer avec la main entre les membranes et la paroi utérine
pour les déchirer au niveau des pieds.

Par contre, il n'avait pas vu le bénéfice que l'on doit tirer de
la procidence d'un bras; il n'a pas vu la possibilité, en y pla-
çant un lacs, de l'abaisser plus tard si facilement; aussi con-
seille-t-il, et chaque fois il tâche de le faire, de le réduire. Il est
vrai de dire qu'il n'y met jamais d'insistance :

« Lorsque la main se présente, il n'y a point d'autre chose à
faire que de la repousser, autant que faire se peut ; si le bras de
l'enfant était descendu jusque dehors l'orifice externe de la
matrice, il faudrait l'envelopper dans un linge trempé dans du
vin vermeil qui soit chaud, et le repousser doucement dans le
vagin, autant qu'il se pourrait faire, ayant auparavant baptisé
l'enfant sous condition », naturellement.

« Je fis tous mes efforts pour repousser le bras de l'enfant,
mais il me fut impossible d'en venir à bout. »

Et pourtant, comme nous le verrons, il en a bien noté la rentrée, lors de l'évolution du fœtus, et la nécessité d'aller, à un moment donné, dégager les bras relevés en attelles de chaque côté de la tête.

« La main introduite, prenez patience : si elle vient à s'engourdir, attendez « que les esprits y soient retournés », ou retirez-la pour la réintroduire ensuite. Rendez-vous compte alors de la partie fœtale avec laquelle votre main est en contact :

« L'on sent quelle est la partie de l'enfant qui se présente la première ; mais de toutes celles que l'on rencontrera, il ne faut en tirer aucune que les pieds, qu'il faut conduire à l'orifice. »

Avez-vous trouvé une partie engagée, il faut la soulever doucement, repousser l'enfant pour permettre le passage de la main :

« Je glissai mes doigts dans les parties de la femme, avec lesquels je repoussai l'enfant le plus doucement qu'il me fut possible, parce que si on fait la moindre violence à la matrice, on peut la déchirer proche de l'orifice interne, comme je l'ai vu arriver à un opérateur. Je repoussai ainsi l'enfant par où il était venu, quoiqu'avec une peine et une patience extraordinaires. Je portai mon doigt fléchi dans la bouche de l'enfant (il s'agit d'une présentation de la face), je repoussai la mâchoire inférieure contre la gorge, c'est-à-dire contre son col et ses clavicules ; appliquant ensuite mes doigts contre le front de l'enfant, je le poussai doucement : cependant, je priai la malade qui me paraissait fort débile de ne faire aucun effort pour pousser contre moi, d'autant que par là elle m'aurait empêché de faire ce que je souhaitais… et cette patience me servit beaucoup pour repousser l'enfant dans le fond de la matrice.

Pour trouver les pieds, reconnaissant, au fur et à mesure que progresse la main, les parties fœtales qu'elle palpe, dirigez-vous, maintenant toujours le contact : « celui qui opère doit glisser sa main à la faveur du bras de l'enfant (la tête était en bas) jusqu'à son corps, puis suivre de la cuisse à la jambe et aux pieds ».

Et là, une théorie personnelle, incomplète il est vrai : contentez-vous de saisir un seul pied, ne vous attardez pas à la recherche du second ; c'est inutile. P o r t a l est, en effet, le premier qui ait préconisé la version monopode, sans parvenir à faire accepter son opinion par ses contemporains. G u i l l e m e a u n'avait-il pas déjà déclaré que « penser tirer un enfant par un seul pied serait l'escarteler et faire mourir la mère? » P e u écrivait que « c'est la plus méchante méthode du monde que de vouloir tirer l'enfant par un seul pied ». M a u r i c e a u, V i a r d e l, L a m o t t e déclaraient qu'il est de toute nécessité d'aller chercher les deux pieds. P o r t a l avait raison. Voyons ce qu'il en dit :

« Je ferai remarquer qu'on ne doit pas tant s'amuser comme on le fait ordinairement, à porter la main pour chercher l'autre pied, quand on en tient un. J'ai fait plusieurs fois remarquer à Mmes M o r e a u et De F r a n c e, anciennes sages-femmes jurées au Châtelet de Paris et très habiles en leur profession, ès-années 1660 et 1663, lorsqu'elles étaient maîtresses sages-femmes en l'Hôtel-Dieu de cette ville, que *lorsqu'on avait conduit un pied dehors il n'était pas nécessaire d'aller chercher l'autre,* pourvu toutefois que la situation que je viens de dire ne se rencontre pas ; car il est très certain que suivant cette méthode la femme ne sent pas la moitié des douleurs qu'elle souffre lorsqu'on porte plusieurs fois la main dans la matrice, et que l'enfant en est moins travaillé. »

Et ailleurs :

« En suivant de mes doigts, de l'épaule le long du corps de

l'enfant, jusques aux pieds, *dont je pris le premier que je tou-chai, sans m'amuser à aller chercher l'autre, je le tirai seul dehors;* j'enveloppai ce pied dans un linge et je le tirai. »

Ailleurs, encore :

« Puis, *sans m'amuser à aller chercher l'autre pied, je tirai le pied que je tenais dehors, et le reste du corps suivit. On doit juger par là qu'il n'est pas toujours nécessaire de porter la main dans la matrice pour aller chercher l'autre pied.* Il faut pourtant prendre garde, comme il a été dit, que la jambe qui est en dedans ne vienne pas de travers, parce qu'en tirant on pourrait la rompre, ce qui n'arrive pas quand elle vient couchée sur le ventre de l'enfant : car, en ce cas, il n'en arrive jamais accident, et le chirurgien ne se trouve point obligé de faire un lacs au premier pied qui est en dehors pour le laisser, pendant qu'il va chercher l'autre qui est encore en dedans, comme il y en a qui le pratiquent, ne considérant pas qu'ils ne le peuvent faire qu'en causant beaucoup de douleur. » Pour Portal, on le voit, il est inutile d'aller chercher le second pied, préférable de n'en extraire qu'un, parce que l'on évite ainsi à la femme la douleur que peut lui causer une seconde introduction de la main. Il y a plus, dirons-nous et la raison pour laquelle il y a lieu de préconiser la version monopode est tout autre et plus sérieuse : « Dans ces conditions, disent Farabeuf et Varnier, le siège forme avec la cuisse restée fléchie et relevée une partie volumineuse qui mieux que le pelvis, s'il était tout à fait décomplété, c'est-à-dire si les deux pieds avaient été tirés, dilate le canal utéro-vagino-vulvaire, et rend plus facile l'extraction du tronc et de la tête. » Il n'en reste pas moins que Portal, le premier, a affirmé la possibilité et l'innocuité de la version podalique avec extraction de l'enfant par un seul pied.

D'ailleurs, sa méthode est incomplète. Il reconnaît lui-même qu'il est quelquefois nécessaire d'aller chercher le second pied.

« Je tirai ce pied jusqu'au genou et alors je sentis que le pied droit de cet enfant était en travers dans l'orifice interne de la matrice, et qu'il croisait la partie moyenne et externe de la cuisse gauche ; cela m'arrêta et me fit surseoir mon opération jusqu'à ce que j'eusse glissé mes doigts le long de la jambe et de la partie inférieure de la cuisse qui était déjà dehors, afin de dégager le pied de la jambe qui croisait sur la cuisse, parce qu'elle se serait rompue, si j'avais tiré l'autre avec force : ce qui me fit assembler les deux pieds. »

C'est que, pas plus qu'il n'indiquait la main qu'il faut de préférence introduire, Portal n'avait vu la nécessité de choisir le pied à extraire ; il saisissait le premier que sa main touchait, et il le tirait. Fatalement, l'évolution du fœtus et son extraction devaient s'en ressentir, se bien faire ou non, suivant que le hasard lui avait fait amener à la vulve le bon ou le mauvais pied. Bien que la raison qui le décidait à réintroduire la main ne soit pas clairement expliquée, il est certain que la difficulté à laquelle il fait allusion, dénote, dans ces cas, la saisie du mauvais pied : alors, le membre resté fléchi, la fesse et la région trochantérienne sont projetés en avant et débordent le contour pelvien, par le fait de la traction, devenue alors pénible et inefficace ; le pied du membre fléchi vient « en travers de l'orifice interne, croisant la partie moyenne et externe de la cuisse » du membre en extension ». Et quand Portal rencontrait cette résistance due à une mauvaise prise, il allait, sans insister davantage, à la recherche du second pied. C'est la conduite que recommande Pinard, de préférence à la grande évolution, toujours compliquée et qui peut n'être pas possible.

Il a observé l'évolution du fœtus : il note la rentrée du bras procident, lors des tractions sur les pieds :

« Et en même temps que j'amenais les pieds, le bras de l'enfant qui était dans les orifices, rentrait et allait prendre sa place. »

Il est permis de se demander pourtant si, là encore, il n'attribuait pas au fœtus la part d'activité qu'on lui réservait si volontiers, à cette époque, dans les différentes phases de l'accouchement ; à propos en effet de l'extraction d'un enfant mort, il dit :

« Après avoir séparé les lèvres des parties, je poussai de ma main gauche le bras de l'enfant, pendant que de ma main droite je tirais le pied, qui est une peine dont on est exempt, lorsque l'enfant est vivant, parce qu'en tirant le pied, *l'enfant s'aidant* le bras rentre de soi-même, ce que celui-ci fit, quoique mort.

« Il faut observer que dans le temps que je tirais ce pied, le bras et tout le corps de l'enfant se tournèrent, les fesses et l'autre pied suivirent, qui vint joindre le premier à l'orifice externe ; et les ayant joints, je les enveloppai tous deux avec le même linge ; et les empoignant de mes mains, je tirai ainsi l'enfant jusqu'aux épaules. Pour lors je glissai deux de mes doigts sur l'acromion ou moignon de l'épaule, et le long du bras pour le dégager, comme je fis : après cela, je poussai ma main gauche sur la poitrine de l'enfant, et j'appliquai la droite sur la nuque du col de l'enfant, et de cette manière je reçus un garçon vivant. »

Toujours, en effet, conduite que l'on tient encore aujourd'hui, le plus généralement, Portal fait suivre la version podalique de l'extraction immédiate de l'enfant. Nulle part, il ne parle de faire une anse au cordon, mais, presque à chaque fois, il recommande de faire en sorte que le dos soit en avant, « les orteils vers l'anus, les talons vers la vessie de la femme ».

« Ayant tiré les pieds de l'enfant, j'observai la rectitude de son corps, et que les doigts de ses pieds fussent tournés vers l'anus de la mère, autant qu'il me fut possible. Il est vrai que quelquefois, on ne peut pas en venir à bout, et cela peut procéder de deux causes. La première, lorsque l'enfant est trop puissant, on a de la peine à le tourner ; la seconde, lorsque la matrice vient à se resserrer, ce qui arrive assez souvent. »

Et ailleurs : « Je fis en sorte autant que je le pus, que les talons fussent tournés vers la vessie de la mère, et les orteils vers l'anus : car ils étaient tout au contraire. Si j'eusse tiré l'enfant en la manière qu'il se présentait, la face étant tournée vers l'os pubis, le menton s'y serait arrêté, et l'enfant aurait pu être étouffé, mais l'ayant tourné sans difficulté, ce qui ne se peut pas toujours faire, et la face étant ainsi vers le rectum, je le tirai jusqu'aux épaules, où je fus arrêté, parce qu'il était extraordinairement gros. Cela m'obligea de glisser mes doigts sur l'épaule, le long du bras que je dégageai, et l'autre ensuite ; puis j'appliquai ma main gauche sur le sternum ou poitrine de l'enfant pour mieux le soutenir, et je mis ma main droite sur les vertèbres de son col, pour avoir plus de force à le tirer ; priant cependant la sage-femme de le soutenir un peu à cause de sa pesanteur. Je le tirai donc en droite ligne, mais tous mes efforts et toute mon industrie n'étant pas suffisants, je poussai deux de mes doigts de la main gauche dans la bouche de l'enfant, dont je lui abaissai la mâchoire inférieure, et par ce moyen j'en vins à bout ».

La fin de cette observation nous dit le manuel opératoire ; ailleurs, il a noté la nécessité d'abaisser les bras, « en les pliant. »

« Je tirai l'enfant jusqu'aux épaules ; pour lors, je glissai deux de mes doigts sur l'acromion ou moignon de l'épaule, et le long du bras pour le dégager, comme je fis. »

Puis. il faisait la manœuvre de Mauriceau.

« Mais j'eus bien de la peine à dégager la tête. Il fallut que je portasse deux de mes doigts dans la bouche de cet enfant, en le soutenant de la main gauche, que j'appliquai à plat sur la poitrine : ce qui me fut d'un grand secours, car je le tirai en un moment. »

DE LA DÉLIVRANCE

L'importance que Portal attachait à l'étude de la délivrance et à en bien connaître les incidents et les accidents nous est prouvée par la large place qu'il a voulu lui réserver dans la pratique des accouchements : à elles seules les considérations relatives à l'arrière-faix occupent presque la moitié de l'ouvrage.

La grande préoccupation des accoucheurs de l'époque, sitôt sorti l'enfant, c'est la rétraction utérine. Portal est de cet avis. Pour lui, elle est rapide et fatale ; il faut se hâter d'extraire l'arrière-faix, car attendre c'est risquer de ne plus pouvoir introduire la main dans la cavité utérine, se mettre peut-être dans l'impossibilité d'avoir le placenta. Aussi, comme ses collègues, est-il chaud partisan de la délivrance immédiate. Deux moyens, pour cela, étaient à sa disposition : l'un, toujours mis à l'essai le premier, les tractions sur le cordon, échouait souvent ; l'autre, la délivrance artificielle, était journellement employé.

La promptitude avec laquelle systématiquement il jugeait nécessaire d'intervenir, devait fatalement le conduire à une interprétation erronée de ce qu'est l'adhérence placentaire. On est en effet, au premier abord, étonné de voir la quantité de placentas adhérents que lui fournit sa pratique ; au cours de ses observations, nous nous sommes efforcé d'éliminer les cas douteux pour n'en retenir que sept qui très vraisemblablement ne le sont pas. Parmi ceux que nous avons abandonnés, il est certain que nombre d'entre eux ne devaient leur prétendue a dhérence qu'à une intervention trop hâtive ; d'autres n'étaient adhérents que parce que l'utérus, épuisé par un travail laborieux, était frappé d'inertie et dans l'incapacité de réaliser les forces nécessaires à leur décollement. Savoir temporiser dans quelques cas, tenter de réveiller la contractilité utérine dans d'autres, eussent suffi à rendre inutile, fréquemment, l'introduction de la main. Mais, craignant la rétraction et les conséquences de la rétention de l'arrière-faix, ignorant les causes du décollement et ce qui les peut entraver, Portal intervenait. Il était d'autant plus sincère, en agissant ainsi, qu'avec tous ses contemporains, y compris Mauriceau, il admettait que souvent le placenta se détache de ses connexions et se présente avant l'enfant. Seul, De Lamotte s'était élevé contre cet abus de l'intervention immédiate : il recommandait de ne pas se presser pour faire l'extraction du délivre, d'attendre qu'il soit bien décollé, et de n'aider la nature dans son œuvre que quand le danger le commandait.

Nous donnons raison à De Lamotte, aujourd'hui que nous sommes mieux renseignés : les forces qui doivent ici entrer en jeu, « l'élasticité, la rétractilité et la contractilité des éléments musculaires de l'utérus », nous sont bien connues. Rarement, l'adhérence placentaire nécessite, à elle seule, maintenant, la délivrance artificielle, et cependant nous ne faisons rien de plus si ce n'est de temporiser, surveillant l'état du muscle utérin par le palper qui, après nous avoir révélé ou non le globe de sûreté, nous permettra de suivre pas à pas, si l'on peut dire, le décollement de l'arrière-faix, ou nous avertira du danger. La rétraction utérine existe, il est vrai : mais il ne faut rien s'exagérer, et tant que les bords du col restent béants et souples, rien ne presse. En ce cas, laisser agir la nature, c'est tout bénéfice à gagner.

Quelque partisan que fût Portal de la délivrance artificielle, il essayait toujours auparavant les tractions sur le cordon :

« Lorsque l'arrière-faix se sépare de lui-même, celui ou celle qui opère n'a qu'à tirer doucement le cordon ou ombilic qui doit être entortillé aux doigts de la main gauche.

« Quant à l'arrière-faix, s'il n'est pas adhérent ou attaché à la matrice, il n'est pas nécessaire d'y apporter la main, parce qu'il vient en tirant le cordon ; et cette manière n'incommode pas si fort les femmes que quand on est obligé de porter la main pour le séparer dans le corps de la matrice; *mais il y faut aller doucement, crainte de causer une éversion ou renversement de la matrice.* » Si Portal ne dit pas quand et comment l'on doit faire les tractions, il en connaît les conséquences lorsqu'elles sont mal pratiquées. Il insiste sur la douceur nécessaire : « Il faut observer que quand on tire l'arrière-faix par le moyen de l'ombilic, on le doit faire doucement, et jamais avec violence : car si l'arrière-faix se trouvait fort attaché au fond de la matrice, et que l'on usât de violence, elle se renverserait : ce qui serait d'une périlleuse conséquence ; et l'on a vu mourir des femmes dans le moment que cela est arrivé. »

Il rapporte un cas de cordon rompu, et plusieurs inversions utérines, dues à des tractions intempestives faites par des sages-femmes, notamment dans l'obs. 76. Il note même la nécessité de remettre immédiatement la matrice en place, avec la main (1).

Lui-même, d'ailleurs, n'insiste jamais ; s'il sent que le cordon résiste, il introduit aussitôt hardiment la main. C'est la seule pratique qu'il reconnaisse bonne, et il blâme Viardel qui, dans ce cas, louvoyait et employait des demi-mesures.

« Trouvant un placenta adhérent, dit Viardel, il me fallut

(1) Voir cette observation reproduite page 171.

humecter et lubrifier plusieurs fois la matrice avec du beurre,
et me servir de poudre sternutatoire qui facilita beaucoup la
sortie de l'arrière-faix, que je reçus fort entier ; mais la matrice
qui avait contenu ses deux enfants gros et puissants avec ses
deux délivres, ayant été relâchée dans le temps de la grossesse,
et se sentant vide d'un si pesant fardeau, tomba et se précipita
hors du col, de la grosseur de la tête d'un enfant, que je remis
de suite. »

« Mais il ne dit pas, ajoute Portal, que cette précipitation
pouvait être causée par les grands efforts qu'il lui fit faire. Je
ne crois pas qu'on doive suivre cette méthode quand il y a de
la difficulté à la sortie de l'arrière-faix, si ce n'est que les pas-
sages se fussent extrêmement resserrés ; et quand cela serait, il
y a des choses plus convenables que la poudre sternutatoire. Ne
devait-il pas plutôt introduire les doigts et même la main
dans la matrice que de la meurtrir ni la comprimer comme il
fit ; et aller séparer l'arrière-faix, et le tirer avec ses doigts, doucement et artistement ? Il aurait sans doute beaucoup mieux
fait que de suivre la méthode qu'il propose, parce que ceux qui
la suivront pourront causer la mort de beaucoup de femmes, et
c'est ce qui m'a obligé d'en dire mon sentiment. En vérité, il
ne savait ce qu'il disait, car je ne vois rien de si ridicule que
cette pratique. »

Si les indications de la délivrance artificielle étaient défec-
tueuses, du moins allons-nous voir qu'il savait la bien pratiquer ;
à peu de chose près, la méthode qu'il préconise est excellente.

« Quand donc l'arrière-faix ne vient point, et qu'il est fort
attaché, il est nécessaire de le tirer et de l'aller quérir, et pour
cela de prendre le cordon ou ombilic, d'en faire deux ou trois
tours autour des doigts de la gauche pour seconder la droite,

lorsqu'on la conduit doucement le long de ce cordon, en tenant les doigts bien serrés et étendus, après les avoir oints d'huile ou de beurre frais. Il faut soigneusement prendre garde de ne point écorcher l'orifice interne qui se trouve souvent flétri par la violence qu'on lui a faite à la sortie de l'enfant, qui est affaissé sur les replis du vagin ; et néanmoins avoir grand soin de ne point quitter le cordon qui conduit les doigts à l'arrière-faix. Quand on y est parvenu, si on le trouve attaché, il faut glisser les doigts de la main droite vers la partie déclive et la plus basse, et tâcher de le séparer doucement, et peu à peu ; ce qui se fait de même que quand on sépare la pulpe de l'écorce d'une orange aigre ou de la Chine : et alors l'arrière-faix étant ainsi détaché, il suit sans peine, en tirant le cordon. Il faut exécuter promptement cette opération, parce qu'autrement la matrice venant à se refermer, on aurait de la peine à y introduire la main, et par conséquent à en tirer l'arrière-faix. »

L'adhérence est plus ou moins intime ; il y a des cas dont on a facilement raison ; il y en a de plus difficiles :

« Quand l'arrière-faix n'est pas adhérent ou attaché, on le sépare aussi facilement qu'on ferait un gâteau en pâte, qu'on aurait mis sur une table, après qu'on y aurait jeté de la farine. Mais lorsque le placenta se trouve adhérent et fort attaché, on a autant de peine à le séparer, qu'on en aurait à lever le même gâteau en pâte qu'on a mis sur une table sans farine, où la pâte se trouve fort attachée, en sorte qu'on ne peut la séparer sans en laisser. Il en est de même du placenta. »

Ailleurs, il revient sur cette même comparaison :

« J'entortillai l'ombilic à ma main gauche, afin de me servir pour conduire ma droite dans le fond de la matrice, où je trouvai un arrière-faix fort adhérent. J'observai avec l'extrémité de mes doigts *si je ne sentirais point quelque séparation;* mais je n'en trouvai aucune, parce qu'il était attaché partout. C'est pourquoi je glissai mes doigts en la partie postérieure de la matrice, et en l'inférieure de l'arrière-faix, c'est-à-dire en la partie la plus basse. Je la séparai doucement, glissant mes doigts en son extrémité, comme les boulangers le pratiquent lorsqu'ils veulent lever une masse de pâte qu'on aurait mise sur une table, sans y avoir auparavant semé de la farine, ou comme si on voulait lever une solle, ou quelqu'autre poisson plat qu'on aurait appliqué ou qui serait contigu sur une pièce de bois en forme d'un d'aix, où il se serait collé et séché. Je séparai donc de cette sorte l'arrière-faix en glissant l'extrémité de mes doigts entre la membrane interne de la matrice et l'arrière-faix ; et avec le cordon que je tenais toujours de ma main gauche, je le tirai dehors le plus promptement qu'il me fut possible. »

Enfin, pour lui, il est des adhérences que la main la plus habile ne saurait détacher de la paroi utérine sans l'intéresser elle-même. Et Portal cite une autopsie dans laquelle, « la matrice étant ouverte, on trouva une portion de l'arrière-faix. L'un de ces messieurs dit : « Voilà la cause de la mort de cette femme. » Ces paroles obligèrent M. Moreau le père, qui était un des plus grands hommes de son siècle, à dire : « Vous voulez, monsieur, que ce « soit là la mort de cette femme. Attendez, ce n'est pas assez, dit « ce vénérable vieillard, il faut que nous voyions d'où en vient « la faute; si c'est de la sage-femme, ou de la mauvaise habitude du « corps de la défunte. » Il dit ensuite à M. Angot : « Levez cette « portion. » Mais il lui fut impossible de la séparer sans arracher de la propre substance de la matrice. Sur cela M. Moreau prit occasion de dire : « Je suis certain qu'il y a des femmes en l'ac- « couchement desquelles il est impossible de réussir ; dans qui

« le placenta se trouve si fort adhérent aux membranes de la
« matrice qu'il est impossible que le chirurgien puisse en venir à
« bout ni à son honneur, et c'est ce qui nous fait voir qu'il ne faut
« pas condamner légèrement une sage-femme parce qu'elle fait
« ce qu'elle peut, et que la nature est bien souvent cause que
« les femmes meurent sans aucune faute de celui ou celle qui
« opère. »

Portal ne tenait aucun compte du décollement des membranes ; sa formule est précise : « Quand le placenta est décollé,
on peut tirer le cordon hardiment et sans aucune crainte. » Là,
il se trompait. De même, il note plusieurs fois, erreur qui pouvait avoir des conséquences désastreuses, que la paroi utérine
est le plus épaisse à l'endroit de l'insertion placentaire.

Lorsqu'il avait extrait le délivre, il ne manquait jamais de
l'examiner attentivement ; il connaissait le danger de laisser
dans l'utérus une portion du placenta, et il n'hésitait pas, le cas
échéant, à réintroduire la main :

« Il faut bien prendre garde de laisser jamais aucune partie
de l'arrière-faix dans la matrice ; et s'il en restait quelque portion, il la faudrait avoir en glissant la main dans la matrice, afin
d'éviter les fâcheux accidents qui peuvent arriver.

« Il est à considérer que dans cette opération il ne faut point
laisser aucune portion du placenta, ni de ses membranes, parce
qu'il en pourrait arriver deux fâcheux accidents. » L'infection
et l'hémorrhagie due au placenta incomplètement décollé sont
bien notées :

« La première, que s'il en restait quelque partie attachée à la
matrice, il s'y pourrait faire corruption et gangrène ; ce qui
causerait la mort à la femme. L'autre accident qui arrive est,
lorsqu'il reste de l'arrière-faix, ce qui cause une perte de sang

M.   7

qui vient par l'ouverture des vaisseaux qui se trouvent à
cette portion du placenta : *laquelle perte de sang ne s'arrête
jamais que ce corps étrange ne soit séparé : car il est indubitable que* cette perte de sang sera cause de la mort de la malade,
si la séparation ne s'en fait. » Interprétation exacte de l'une des
causes des hémorrhagies de la délivranee. Contre cet accident,
Portal recommandait de vider l'utérus, d'en extraire avec la
main soit la portion de placenta qui y est restée, soit les « grumeaux de sang » qui s'y sont accumulés, « lesquels ne sont pas
plutôt tirés que la femme revient de sa faiblesse. Si, au contraire,
on les y laisse sans les tirer, hors d'un grand effort de la nature,
cela peut causer la mort à la femme par les vapeurs malignes qui
s'élèvent de ce sang retenu dans la matrice. Même dans la grande
perte de sang, l'on peut y apporter la main lorsqu'elle arrive
après l'accouchement, parce qu'elle est encore assez dilatée, la
matrice se trouvant pleine de grumeaux ou caillots de sang ; *si
on ne les tire, la perte de sang continue, laquelle cesse dès qu'ils
sont tirés* ». Et en même temps, « il faut situer la tête de la femme
médiocrement basse, lui donner de la nourriture en petite quantité », « la boucher avec un linge trempé dans l'oxicrat, lui en
appliquer un autre sur la région des reins ».

Vis-à-vis de la rétention des membranes, Portal n'a pas
toujours été aussi catégorique ; il savait que le danger est ici
moins menaçant :

« Quand il en demeurerait quelque portion dans la matrice, il
n'en faudrait rien craindre. d'autant que ces membranes restées
sortent avec les vuidanges sans aucune fâcheuse suite ainsi qu'il
se remarque tous les jours.

« Quand il reste quelque portion de membrane, il ne faut pas
que la sage-femme s'en étonne pourvu que la femme vuide, et

que cette portion de membrane ne bouche point le passage des vuidanges. »

Le fait d'être autorisé à « tirer hardiment sur le cordon », dès que le placenta était décollé, devait rendre la rétention des membranes fréquente. Quant à la conduite qu'il préconise, c'est encore celle qui est le plus généralement suivie : se contenter de surveiller de près la femme en s'entourant de toutes garanties, antiseptiques, ajouterions-nous à l'heure actuelle, en réservant son intervention au cas où une menace d'infection la commande.

INSERTION VICIEUSE DU PLACENTA

Guillemeau et Mauriceau connaissaient bien les complications que peut susciter, au cours de la grossesse et pendant le travail, le placenta anormalement inséré; mais ni l'un ni l'autre n'en avaient su interpréter la cause et n'avaient admis que l'implantation pût se faire sur le segment inférieur de l'utérus. En réalité c'étaient plutôt « les hémorrhagies qui surviennent aux femmes enceintes pendant les trois derniers mois de la grossesse » que l'hémorrhagie causée par l'insertion vicieuse, qu'ils avaient appris à traiter.

Jusqu'à Portal, l'on croyait que la plupart du temps l'insertion se fait au fond de l'utérus. Il réagit contre cette erreur, et montra qu'elle pouvait se faire sur les différents points de la cavité utérine :

« Il faut remarquer que l'arrière-faix ou placenta, que les sages-femmes de village nomment gâteau, se trouve souvent adhérent, c'est-à-dire collé, attaché ou contigu au corps de la matrice, tantôt à une partie, tantôt à l'autre, selon qu'il se plaît à la nature de se jouer. »

Nous savons maintenant que l'insertion vicieuse est extrêmement fréquente, et que de toutes les complications dont elle est passible, celle que l'on rencontre le plus souvent n'est pas, à beaucoup près, l'hémorrhagie. Pendant fort longtemps, d'ailleurs, on a voulu scinder trop nettement les causes des hémorrhagies puerpérales, réservant à l'avortement celles des six premiers mois, à l'insertion vicieuse celles des trois derniers. Pinard, dont le nom, entre autres places, doit rester définitivement attaché à l'étude et au traitement de l'insertion vicieuse du placenta, a montré que cette classification était tout à la fois incom plète et erronée ; ce n'est pas seulement dans les derniers mois de la grossesse que ce mode d'implantation se traduit par l'hémorrhagie (que sa gravité relève de son abondance, de sa persistance ou de sa répétition), mais bien dans tout le cours de la grossesse, et il en a cité des exemples dès les premiers mois, à la fin du premier même. (*Bulletin médical*, 1896, p. 307, obs. IV.) Des complications dues au placenta prævia, Portal ne connaissait que les hémorrhagies ; les observations qui s'y rapportent ne mentionnent que celles qui surviennent au cours des derniers mois ou pendant le travail. Elles sont au nombre de huit; nous tenons à en donner un résumé, dans lequel on verra qu'il avait su en discerner l'origine :

Obs. 29. — *Femme au huitième mois de sa grossesse.*

Hémorrhagies depuis trois semaines.

« Ayant porté mes doigts dans le col de la matrice, je sentis que l'arrière-faix se présentait le premier, suivi de la tête de l'enfant. Je vis que dès que le travail se préparerait, la perte de sang s'arrêterait ; et cela arriva ainsi que je l'avais prédit. La tête de l'enfant étant poussée par les douleurs que la mère sentait, déchira l'arrière-faix et je tirai l'enfant mort. » « Depuis cet accouchement, j'ai accouché une demoiselle dans la rue Saint-Denis d'un accouchement pareil à celui que je viens de dire ci-dessus. » Elle était aussi à son huitième mois. »

Obs. 39. — *Femme à terme.*

Hémorrhagies depuis dix-neuf jours ; très abondantes pendant les dernières vingt-quatre heures. Portal fait immédiatement l'accouchement, car « il n'y avait que cela seul qui pouvait la sauver, si quelque chose le pouvait ».

« *Je glissai mes doigts dans les orifices, où je sentis l'arrière-faix qui se présentait, et qui bouchait l'orifice de la matrice de tous côtés avec adhérences en toutes ses parties excepté par le milieu qui se trouvait divisé jusqu'à la membrane,* laquelle n'étant pas ouverte ni les eaux écoulées, j'eus beaucoup de facilité à tourner l'enfant. Je le tirai par les pieds, mais il était mort à cause de la grande perte de sang que la mère avait soufferte. Cette malade avait continuellement des mouvements convulsifs qui sont des signes très fâcheux en ces occasions et dans toutes les pertes de sang, à cause de la dissipation des esprits qui se fait alors ; elle mourut peu de temps après son accouchement. On ne doit pas différer à accoucher les femmes qui sont attaquées de semblables symptômes, parce que ces femmes meurent promptement si elles ne sont secourues, comme je l'ai remarqué en plusieurs femmes à l'Hôtel-Dieu de cette ville. »

Obs. 41. — *Femme à terme.*

Hémorrhagies très graves. Syncopes.
Pas de dilatation.

« Je glissai mes doigts de la main droite dans l'orifice externe et dans le vagin ou col de la matrice, où je trouvai beaucoup de sang que je tirai dehors à pleines mains, le mettant dans un plat afin d'en voir la quantité ». Portal fait la dilatation avec ses doigts. « Après cela, je les poussai plus avant où je sentis l'arrière-faix qui se présentait ; je le séparai doucement, parce qu'il était collé à l'orifice interne. »

Membranes intactes. Extraction immédiate d'un enfant vivant. « Après avoir accouché et délivré la malade, j'examinai le placenta, et je reconnus qu'il en manquait de l'épaisseur de quatre travers de doigt, que je tirai ; et aussitôt cette femme revint comme de mort à vie, et nous dit qu'elle se portait bien. »

Obs. 43. — *Femme dans le sixième mois de sa grossesse.*

Hémorrhagie grave.

« Nous attendîmes, observant toujours le secours de la nature, car il y a des pertes de sang qui cessent, lorsque l'enfant se présente, et qu'il vient naturellement au passage. Mais parce que la malade s'affaiblissait, je dis qu'il n'y avait que l'accouchement qui pût la sauver. »

Dilatation d'un écu blanc, que Portal achève avec les doigts. « Ensuite, je glissai ma main à l'entrée de la matrice, où je sentis l'arrière-faix qui se présentait. L'ayant séparé afin de me frayer le chemin, je sentis les membranes des eaux que je perçai, et les eaux s'étant écoulées, je tirai l'arrière-faix le premier, afin qu'il ne m'incommodât point à la sortie de l'enfant. »

Obs. 51. — *Femme à terme.*

Hémorrhagie grave, orifice interne dilaté comme un anneau d'un diamètre de 7 à 8 lignes. Dilatation avec les doigts.

« *Je sentis le placenta qui environnait en dedans l'orifice interne ; ce qui était la cause de cette perte de sang, parce que lorsque l'ouverture de l'anneau se faisait, le placenta qui se trouvait contigu à cet orifice, à cause de quelque contiguïté qu'il a avec la matrice, à l'endroit où il y est adhérent, cet orifice venant à s'ouvrir, il se divise, et en même temps les vaisseaux venant à se diviser, cela fait que le sang de la malade se perd en abondance ; et si elle n'est promptement secourue, elle meurt bientôt.* » Membranes intactes. Siège. Portal *sépare le placenta, puis rompt les membranes, et extrait l'enfant, très faible.*

« Nous devons juger par là, qu'aux grandes pertes de sang, lorsqu'on trouve de la disposition, l'on doit agir promptement aussi bien qu'aux maladies ; ce travail est plus dangereux pour la femme s'il n'est fait promptement, à cause de la quantité de sang qu'elle a perdu *et qu'elle perd jusqu'à ce qu'elle soit accouchée.* J'ajouterai ici qu'en l'année 1663, j'en ai fait cinq de cette nature, tous avec heureux succès pour les femmes qui en ont réchappé. »

Obs. 55. — *Femme à terme.*

« L'ombilic et l'arrière-faix se présentaient. »
Présentation de l'épaule. Version podalique. Enfant mort.

Obs. 69. — *Grossesse de huit mois.*

Hémorrhagies depuis douze jours.

La touchant, je sentis le vagin et les orifices pleins de grumeaux de sang ; cela ne l'empêchait pas d'en perdre beaucoup. Alors je les évacuai, et je glissai mes doigts plus avant, où je sentis l'orifice interne ouvert à passer trois doigts, fort mollet, tendre et délié ; et introduisant le doigt, je sentis l'arrière-faix qui se présentait, et qui était fort adhérent et attaché à l'orifice de la matrice de toutes parts ; *ce qui causait cette grande perte de sang.* Cela me donna sujet de craindre beaucoup, tant pour la malade que pour son enfant. Nous fîmes notre pronostic avant que d'entreprendre l'accouchement, que c'était une femme morte si on ne l'accouchait, et qu'elle pouvait aussi demeurer dans le travail à cause de sa grande faiblesse. »

Portal sépare et extrait l'arrière-faix, *avant l'enfant.*

Présentation transversale. Version podalique. *Enfant vivant.*

Obs. 79. — *Femme au huitième mois de sa grossesse.*

Hémorrhagie grave à 7 mois, traitée par huit saignées, purgations, lavements !

Nouvelle hémorrhagie à 8 mois.

« Je la touchai, et je sentis l'orifice interne ouvert en son diamètre d'une pièce de trente sols, où je sentis un corps mollasse, que je reconnus être l'arrière-faix fort adhérent partout, où il était contigu Cela me fit juger que je ne serais pas sans affaires. »

La femme tombe en syncope.

« Je dis qu'il fallait l'accoucher. L'un des consultants dit qu'elle était trop faible pour l'accoucher. Je ne sais pour quelle raison il disait cela, si c'était à cause qu'il crût que cette demoiselle devait mourir, ou s'il n'y jugeait pas assez de disposition à l'accouchement, ni assez de forces. » Mais le médecin de la malade, très habile en sa profession, survient : « il conclut l'opération, quoique la malade n'eût point d'autre douleur pour accoucher qu'une douleur à la région du cœur, nous disant qu'elle brûlait comme un charbon en cet endroit.

« Orifice fort mollet, ouvert de la grandeur d'un écu blanc et capable de souffrir la dilatation que je pourrais faire avec mes doigts. Je sentis le placenta qui était adhérent dans toute la circonférence de cet orifice interne au dedans de la matrice : ce qui m'obligea de la séparer avec mon doigt à l'entour de l'orifice le plus doucement qu'il me fut possible. Et l'ayant séparé, je glissai mes doigts et ma main dans le fond de la matrice, étendant mes doigts pour me servir de spéculum, et pour dilater et ouvrir l'orifice interne avec le moins de douleur et le plus de douceur qu'il me serait possible : ce qui ne se peut faire, qu'on n'en fasse... En dilatant mes doigts, je sentais cet orifice comme une vessie, dans laquelle on ferait un trou, et dans laquelle on introduirait les doigts pour la dilater.

« Ma main étant dans la matrice, je perçai les membranes qui contenaient les eaux de l'enfant, lesquelles étant ouvertes, je n'eus pas beaucoup de difficulté à joindre un des pieds de l'enfant, que je tirai à moi avec un succès fort heureux pour l'opération, non pas pour l'enfant, parce qu'il était mort il y avait du temps ; et l'ayant tiré, la malade revint de sa grande faiblesse qu'elle n'avait plus ; et elle ne sentait plus cette chaleur qu'elle avait sentie à la région du cœur. Je puis croire que c'était quelque vapeur qui s'élevait de la matrice ; mais je laisse cela à messieurs les médecins, pour en faire le jugement.

« On remarquera que, dans tous les accouchements, la partie qui se présente la première sort la dernière. Ce sont les membranes de l'arrière-faix qui se présentent les premières à l'orifice de la matrice, poussées par la douleur et par les eaux qu'elles contiennent, lesquelles étant percées, la tête ou quelque autre partie de l'enfant se présente ; et l'enfant étant sorti, l'arrière-faix, ou placenta, sort, suivi de ces deux membranes. Il y en a qui l'amnios se trouve séparé du corium, comme en celle-ci où cette membrane était autour de l'ombilic, et le corium, autour du placenta... Je tirai l'arrière-faix sain et parfait en toutes ses parties. Monsieur son médecin le considéra, et le trouva fort sec : ce qui pouvait venir des pertes de sang que cette malade avait souffertes, aussi bien que la mort de l'enfant.

« Les femmes, auxquelles ces accidents arrivent, sont bien à plaindre, parce qu'il y va de la perte de leur vie, si elles ne sont promptement secourues, comme je fis à celle-ci, laquelle ne fut pas plutôt accouchée qu'elle revint de cette grande faiblesse. »

Phlegmatia alba dolens le 6ᵉ jour dans le membre inférieur gauche et le 12ᵉ dans le droit.

« Messieurs les médecins me demandèrent s'il n'y avait rien à craindre, ni d'altéré à la matrice. Je leur dis que non. Je visitai les parties extérieures de la matrice, auxquelles je ne trouvai rien d'altéré et leur en fis mon rapport, leur disant qu'ils pouvaient travailler en assurance sur ce que je leur disais, et que je croyais que cette enflure pouvait être causée par une sérosité contenue dans le sang, à cause de la quantité qu'elle en avait perdu, dont ces messieurs demeurèrent d'accord. »

Le résumé de ces observations nous montre :

1° Que Portal avait vu dans le mode d'insertion anormale du placenta, sans toutefois l'expliquer, la cause de certaines hémorrhagies de la fin de grossesse ;

2° Que dans ces cas, interventionniste déterminé, il préconisait le traitement de Guillemeau et de Louise Bourgeois, l'évacuation rapide, immédiate du contenu de l'utérus, autrement dit, « l'accouchement forcé » ;

3° Que dans certaines occasions, surtout lorsqu'une languette placentaire empiétait sur l'orifice utérin, il ne craignait pas de faire le décollement complet et l'extraction du placenta, avant celle de l'enfant.

L'accouchement forcé est mauvais et doit être rejeté; « s'il peut empêcher la mort de la femme du fait de l'hémorrhagie causée par l'insertion vicieuse, il risque de la tuer d'une autre manière,

par déchirure du vagin et de l'utérus, et par hémorrhagie con-
sécutive » (Pinard).

Pour ces raisons, rejetant l'accouchement forcé, proscrivant
le tamponnement, difficile à pratiquer pour qu'il ait chance de
paraître efficace, douloureux, et toujours aveugle, Pinard a fait
de la déchirure large des membranes la méthode thérapeutique
de choix des hémorrhagies dues à l'insertion du placenta sur le
segment inférieur, précédée naturellement de l'examen de la
situation occupée par le fœtus et de sa correction, si la présentation est transversale. Ce n'est pas une simple perforation que
l'on doit désirer. « Ce qu'il faut, dit Pinard, c'est l'éclatement,
la rupture sur une large étendue », nécessaire pour empêcher
les tiraillements du chorion, cause du décollement et de l'hémorrhagie. Il faut « laisser à la nature le soin d'expulser le fœtus »,
car « une extraction immédiate déterminerait presque toujours,
du côté du col et du segment inférieur vascularisé outre mesure,
des lésions extrêmement graves ». Sublata causa, tollitur effectus.

L'arrachement du placenta, vanté surtout par Simpson, et
sans succès heureusement, est absolument néfaste. C'est priver
le fœtus de ses connexions maternelles avant qu'il puisse y
suppléer par lui-même, et risquer de le tuer presque toujours,
sinon toujours. Il est vraiment curieux de voir que, malgré l'emploi de cette méthode, Portal a réussi à extraire, dans ces cas,
quelques enfants vivants. La seule explication, pensons-nous,
doit reposer dans la rapidité extrême avec laquelle il faisait suivre
l'extraction du fœtus de celle du placenta. Il avait recours à ce
procédé parce qu'il craignait que le placenta, en quelque sorte
prævia, ne mît obstacle à la sortie de l'enfant. Quels que soient
ces rares succès, la méthode doit être absolument condamnée.
Quelque prononcé que soit l'empiétement du placenta sur l'orifice

utérin, la seule conduite à tenir est de faire encore la rupture des membranes, et, pour cela, d'aller à la recherche du bord le plus proche du placenta, afin de le décoller sur la plus petite étendue possible, et de les rompre à ce niveau. On aura ainsi préparé la voie au fœtus, d'un côté ou de l'autre du placenta, et écarté le danger de l'hémorrhagie pouvant résulter du frottement direct de la partie fœtale sur le placenta.

Au point de vue de l'histoire, et tout chauvinisme mis à part, il est de toute justice de rectifier une double erreur. Velpeau a attribué à tort à Levret la première interprétation exacte de l'insertion vicieuse du placenta. Joulin a protesté et dit, avec raison : « Le mérite en revient entièrement à Portal. » Pour les Allemands, et Siebold, on va le voir, le dit en toutes lettres, cette paternité revient à l'un des leurs, P. G. Schacher : à l'article J. Guillemeau (*Essai d'une Histoire de l'Obstétricie*), Siebold dit : « Guillemeau décrit le placenta prævia avec ses conséquences, sans avoir bien reconnu qu'il s'était primitivement développé sur l'orifice ; il pensait qu'il s'était détaché de son lieu habituel d'implantation, et était descendu au-devant de l'enfant, opinion que P. G. Schacher, de Leipzig, a combattue le premier en 1709, avec le mérite d'avoir, par une autopsie, démontré l'état réel des choses. » Que la première autopsie de placenta inséré sur le segment inférieur soit due à Schacher, nous ne le contesterons pas ; mais bien avant lui, 1683 au lieu de 1709, Portal avait reconnu l'insertion vicieuse et l'avait justement interprétée : les observations 39 et 51, reproduites quelques pages plus haut, ne sauraient laisser aucun doute à cet égard. Nous tenions d'autant plus à réclamer cette priorité pour lui, que notre maître, M. le professeur Pinard, n'a cessé de la revendiquer pour Portal : s'il est vrai que la science n'a pas de patrie, les savants en ont une.

L'AVORTEMENT

Portal a consacré un chapitre spécial à l'étude « de ce qu'il faut faire dans l'accouchement qui se fait avant le terme ordinaire ». Les dangers de l'avortement sont l'hémorrhagie et l'infection. L'hémorrhagie qui se produit dans les deux premiers mois n'est pas, le plus souvent, inquiétante : « Il faut avoir patience, et en bien espérer, d'autant que ce pourra être un faux germe, qui vient ordinairement dans ce temps-là ; et quand le sang s'arrête, c'est un signe que le germe est séparé. Le germe sort souvent en rendant un lavement, sans beaucoup incommoder la femme. »

Si la perte de sang continue, il préconise la saignée !

« Le faux germe est un corps membraneux en forme d'un œuf de poule plein d'eau.

« Le vrai germe est aussi membraneux, et en forme d'œuf ; mais on trouve en dedans un petit embryon blanc de la figure d'un ver à soie, dans lequel on peut remarquer la tête, la face avec deux petits points de la grosseur de la tête d'une épingle.

« S'il arrive que le faux germe ne soit pas sorti, que la perte de sang continue, et que la femme s'affaiblisse, il en faut tenter l'extraction en introduisant l'extrémité du doigt index, supposé que cela se puisse. »

Les hémorrhagies des troisième, quatrième et cinquième mois commandent le repos au lit, puis deux ou trois saignées du bras ! « Cela est salutaire dans ces occasions. » Si la perte de sang résiste à ce traitement, l'avortement est fatal : « l'enfant qui sort dans ce temps-là n'est guère plus gros qu'un petit chat nouveau-né, sans comparaison ». Et d'ailleurs, toutes les fois que survient une hémorrhagie capable par son abondance de mettre la vie de la femme en danger en « cas que la grossesse soit avancée et qu'il y ait de la disposition au travail, il faut pratiquer l'accouchement, qui est l'unique remède pour sauver la mère et l'enfant.

« Il faut faire la dilatation de l'orifice interne avec les doigts, extraire l'enfant par les pieds ; si la version est impossible, l'enfant mort et la mère en danger, l'usage du crochet est indiqué. On l'introduira à la faveur de la main, en le mettant en tel endroit de la tête qu'il se pourra, faisant en sorte néanmoins, autant qu'il est possible, que ce soit dans l'occiput. »

Le contenu de l'utérus peut être expulsé en bloc ou en deux temps. Souvent même, l'arrière-faix ne l'est que longtemps après le fœtus, et, dans ces cas, la conduite à tenir est l'expectation.

« Si l'arrière-faix ne vient pas en même temps, il ne faut pas s'en mettre en peine, quoiqu'il soit plus gros que l'enfant : car il arrive quelquefois que l'arrière-faix ne sort que le second, le troisième, le quatrième jour, même bien plus tard encore ; il se vuide souvent en rendant un lavement.

« La raison pour laquelle il ne faut pas trop s'étonner, quand il reste ainsi dans le corps de la femme, c'est qu'il ne s'y corrompt pas si facilement que s'il était dehors ; et j'en ai vu qui ont demeuré jusques à six jours, et bien plus longtemps dans la matrice, sans pourriture : ce qui arrive surtout, quand il n'y a point de fièvre, et que le corps est d'une bonne constitution. Si dans ces rencontres la fièvre survenait, il faudrait avoir l'avis d'un habile médecin pour la saignée du bras ou du pied. » Évidemment, P o r t a l prend l'effet pour la cause.

Lorsque la fièvre apparaît, « que la puanteur est grande », il est nécessaire de faire des injections intra-utérines par le moyen de la seringue : on les pratiquera, plusieurs fois le jour, avec la décoction d'une poignée d'orge, matricaire, armoise, absinthe et mélillot, additionnée de deux onces d'aristoloche et de deux onces de sucre. Ce sont celles qu'il faut toujours faire « si les vuidanges s'arrêtent après l'accouchement, soit par fâcherie ou autrement, et qu'il s'y fasse de la puanteur par la corruption des vuidanges arrêtées, et que les vapeurs qui s'en élèvent causent des douleurs de la tête à la malade.

« Lorsque l'on a fait usage du crochet, le plus souvent les parties de la femme ont été meurtries et écorchées ; il faut alors les étuver avec une décoction d'orge et de cerfeuil. S'il survenait enfin esthiomène et pourriture, et que la mortification fût considérable, on doit se servir d'eau marine, ou de vin blanc additionné d'aristoloche ronde et de sucre ; on étuvera la femme quatre à cinq fois le jour, et autant la nuit.

« Souvent, les femmes ont un flux de ventre accompagné de douleurs et de fièvre » : on les combattra par les lavements de décoction d'absinthe, camomille, etc., une poignée de chaque que l'on fera bouillir dans de l'eau de tripes, ou de pur son de froment ayant bouilli avec une tête de mouton, plantin, bouillon blanc et pavot, « faisant en sorte que la malade ait presque toujours un de ces lavements dans le ventre ».

Les observations qui relatent des cas d'avortement se rapportent toutes à des traumatismes ; il est étonnant que P o r t a l, observateur si avisé, n'ait pas remarqué que la syphilis, entre autres, est souvent en cause. L'ouvrage de V i a r d e l, paru en 1671, et qu'il connaissait certainement puisqu'il en fait maintes critiques, renferme un chapitre intitulé : « Que les chirurgiens ne doivent faire aucune difficulté de traiter une femme grosse de la vérole. » Il y rapporte le cas d'une de ses clientes, syphilitique, qu'il avait fait traiter pendant sa grossesse, et il dit : « Je l'accouchai heureusement à terme d'une belle fille qui est encore vivante, et la mère se porte mieux que jamais. De là il est aisé de conclure que si on eût attendu à traiter cette femme après son accouchement, il est indubitable que son enfant aurait été entièrement infecté de ce pernicieux virus qui, ayant une fois perdu et gâté la masse du sang, aurait entièrement corrompu toutes les parties dans leur conformation ; mais par le moyen d'un bon traitement qu'on lui fit, la masse du sang fut parfaitement purifiée et remise à son premier état : ce qui ne contribua pas peu à la parfaite conformation de l'enfant, et à sa santé, qui autrement aurait été notablement intéressée, si le sang maternel qui est un des principes de notre génération eût été infecté. » V i a r d e l prend même soin de nous dire que l'enfant était « une belle fille dans un fort embonpoint ». Nous reconnaissons là le gros enfant des syphilitiques traitées.

Commis au soin d'accoucher les femmes gâtées à l'Hôtel-Dieu, P o r t a l avait un champ d'observation qui eût du attirer son attention de ce côté.

OBS. 36. — *Traumatisme. Avortement à deux mois, en un temps.*

« L'enfant ressemblait à une mouche à miel. »

OBS. 46. — *Traumatisme. Avortement à quatre mois.*

Enfant né vivant. « Gros comme un poulet qui viendrait d'éclore. » Rétention du placenta. Extraction manuelle.

Obs. 78. — *Avortement à quatre mois et demi.*

Arrachement de la tête. Extraction par introduction d'un doigt dans la bouche.

Obs. 81. — *De l'accouchement d'un embryon, avec une grande perte de sang, dans laquelle s'est trouvé cet embryon enveloppé de membranes, en forme d'œuf sans coquille.*

Un jeudi, vingt-deuxième jour d'avril 1683, je fus appelé pour voir une demoiselle qui demeurait dans la rue des Déchargeurs, que je trouvai malade, dans son lit, d'une grande perte de sang, en ayant vidé plusieurs caillots. Jugeant qu'elle avait assez de forces pour supporter une saignée, je lui fis l'ouverture de la veine et lui tirai six onces de sang. La saignée étant faite, la malade tomba en syncope, où elle demeura environ une demi-heure, avant qu'elle eût repris ses forces. Dans cet intervalle de temps je touchai la malade, et glissant mon doigt dans le col de la matrice je sentis quantité de grumeaux de sang dans le vagin, que je tirai dehors ; et pour lors la malade revint de sa faiblesse, en faisant une autre évacuation excrémentielle qui la soulagea fort et ce fut un effet de la saignée, comme j'ai remarqué en plusieurs femmes qui avaient de grandes pertes de sang de cette nature.

Après ces évacuations, je lui fis prendre de la nourriture et, deux heures après, je lui fis donner plusieurs lavements de simples décoc-tions émollientes et rafraîchissantes, comme sont les mauves, gui-mauves, violiers, laitue, mercuriale, seneçon et pourpier : ce dernier est d'une grande vertu pour les pertes de sang, pris par la bouche et en lavements.

Par la bouche, il faut en prendre le suc ; c'est-à-dire du pourpier et du plantain, les piler parties égales et passer à travers un linge un peu serré et étant épuré, en donner à la malade un verre, avec un peu de sucre, et en boire trois fois le jour, six onces à chaque fois, et même la nuit.

M.   8

On peut aussi appliquer sur la région des reins, et extérieurement à la partie de la malade, des linges trempés dans de l'oxicrat un peu tiède. L'oxicrat de vinaigre de litharge lui est aussi très salutaire, quand on en peut avoir. Il se fait en mettant une livre de litharge d'or en poudre tremper dans trois livres de fort vinaigre, sur les cendres chaudes, en remuant la litharge de fois à autre ; et ayant infusé, passé et filtré, prendre ce vinaigre qu'on mettra dans de l'eau pour en faire de l'oxicrat, de même qu'on le fait pour l'ordinaire, lequel vient blanc comme du lait et est d'une plus grande vertu que le simple, comme je m'en suis servi en cette occasion et en plusieurs autres.

Les décoctions des lavements ne s'évacuant point, et étant demeurées dans les intestins, je lui fis prendre le lendemain vendredi un autre lavement composé de la même décoction : dans une livre d'icelle, je fis dissoudre trois onces de miel de nénuphar. Ce lavement rendu avec les autres décoctions, elle ne laissa pas de vider du sang, mais en plus petite quantité, de même qu'elle avait fait toute la nuit.

Sur les trois heures après midi, cette demoiselle m'envoya prier de la venir voir pour examiner ce qu'elle avait vidé ; et me trouvant en la compagnie d'un docteur en médecine fort curieux, lequel je priai de voir et observer la chose avec moi, nous remarquâmes plusieurs gros caillots de sang et en les examinant je remarquai un gros caillot de la grosseur d'une noix des plus grosses avec son écorce, lorsqu'elles sont en maturité, d'une couleur noirâtre et membraneuse, charnue, pleine et environnée d'un sang noir et grossier, tout figé, infiltré dans les chairs et membranes.

L'ayant bien considéré et manié, et le trouvant extrêmement dur, je dis à M. Pascal, médecin, qu'il fallait qu'il y eût un enfant, ou des eaux, comme il s'en trouve dans les faux germes.

Je commençai à faire la dissection fort doucement, parce que la chose me paraissait très délicate ; aussi l'était-elle, parce qu'il fallait conserver un embryon, en cas qu'il y en eût. Mais ayant disséqué cette masse, j'aperçus au milieu de ce corps une vessie transparente fort déliée, de la grosseur d'une noisette, ayant la forme d'un petit œuf, remplie d'une liqueur claire et limpide, où il nageait un petit corps d'une matière blanche et graisseuse, avec quelque commencement de formation d'enfant, et fort petite, ayant la forme d'un embryon ou enfant de la grosseur et longueur d'une mouche ou d'un clou de girofle.

Outre cette vésicule où était contenu cet embryon, je remarquai dans cette masse charnue et membraneuse quantité de petites vésicules, que je fis voir aux assistants, semblables à celles qui se rencontrent dans les poules, ou pour le mieux faire entendre, en forme de petite grappe de raisin, transparentes et de différentes grosseurs ; mais les plus grosses n'avaient pas plus de circonférence qu'un petit pois, fort claires, comme sont de petites phlyctènes faites et causées par le feu, qui sont pleines d'eau.

On remarquera que la malade disait n'avoir pas eu ses purgations il y avait environ trois mois.

Ce petit embryon était contenu dans cette liqueur, avec sa membrane, que j'ai dit être de la figure d'un petit œuf nouvellement engendré et n'avait pas sa grandeur proportionnée au temps qu'il pouvait avoir été conçu qui était, au rapport de la femme, de trois mois ; ce qui est une marque, que dans le commencement de sa génération il pouvait avoir été privé de sa nourriture, à cause de l'abondance du sang qui se trouvait infiltré dans ses membranes, lequel était dans toute l'étendue de ce corps de l'épaisseur d'environ six lignes extrêmement noir et figé, ou, pour mieux dire, coagulé.

La membrane qui contenait cette humeur se trouvait attachée par son milieu, par une autre petite membrane à cette masse et plus épaisse que celle qui enveloppait l'embryon, et aussi déliée qu'une toile de soie ou une gaze des plus fines, dans laquelle était contenue cette humeur limpide et à l'endroit, où l'embryon était contenu dans cette humeur par l'ombilic, comme il se voit tous les jours, la membrane était plus forte.

Cette vessie qui avait la forme d'un œuf avec sa pellicule seule me pourrait faire croire que l'homme s'engendre dans l'œuf, comme à tous les volatiles ; mais cette matière étant trop délicate pour moi, fait que je laisse aux savants et aux auteurs des nouvelles opinions, pour décider cette question que je trouve trop relevée.

Je mis cette membrane avec ses eaux et l'embryon qui était contenu dedans, où il se trouve naturellement, dans une fiole d'eau de fontaine pour ne pas la mettre dans l'esprit de vin, parce qu'il l'aurait consumée à cause de sa force, qui est trop grande et de la délicatesse de la dite membrane, laquelle dans cette eau ressemblait à une toile de soie, comme j'ai dit ci-dessus, et faisait comme une espèce de nuage.

Cette observation me paraît si curieuse, et peut donner lieu à plusieurs belles questions et remarques ; c'est pourquoi j'ai fait graver ici la figure de cet embryon, en la manière que je l'ai observée, afin que le lecteur puisse satisfaire sa curiosité.

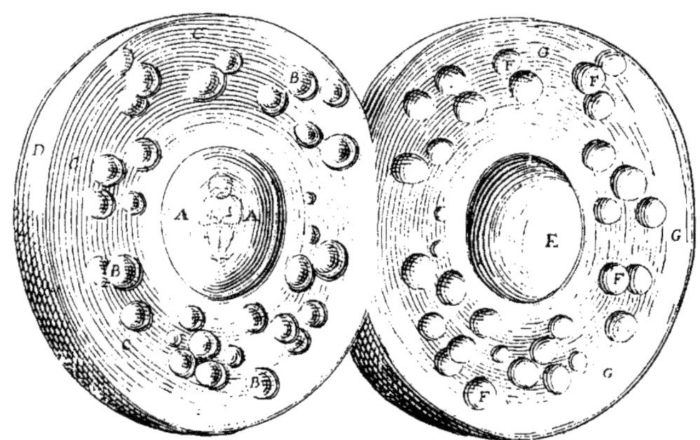

A. Représente un enfant en forme d'embryon, dans ses eaux et dans ses membranes, dans le propre corps de l'arrière-faix. — B. Les vésicules pleines d'eau, comme des perles. — C. Les chairs de l'arrière-faix. — D. Le sang coagulé. — E. L'endroit où sont situées les membranes qui contiennent les eaux de l'enfant. — F. D'autres vésicules, dont tout ce corps charnu était farci. — G. La partie charnue de l'autre portion de ce corps.

GROSSESSE GÉMELLAIRE

Nos devanciers avaient, paraît-il, le secret des grossesses multiples, et se plaisaient à conter ces cas de fécondité extraordinaire qui nous font sourire aujourd'hui, mais à la véracité desquels ils paraissaient volontiers ajouter foi. La femme du sieur De Beauville, citée par Laurent Joubert, ayant osé accuser sa servante qui venait de mettre au monde en une fois trois enfants (ne pouvant admettre qu'un seul homme y ait suffi) d'avoir eu des relations coupables avec son maître, devint enceinte elle-même peu après, et accoucha de neuf filles, « ce qu'on interpréta être d'une punition de Dieu pour avoir calomnié une innocente ». Le mari, absent au moment de l'accouchement, regagna le logis conjugal juste à temps pour empêcher que la domestique ne mît à exécution les ordres de sa femme qui, honteuse de sa déconvenue, avait pris le parti d'en faire noyer huit, ni plus ni moins que des petits chats. A. Paré lui-même parle d'une Italienne, Dorothœa, qui eut vingt enfants en deux fois, neuf puis onze ; il cite le cas, curieux entre tous, de la comtesse de Flandres, « laquelle par une juste permission et vengeance de Dieu, conçut et accoucha d'une seule portée, ainsi que plusieurs historiens nous ont laissé par écrit, de 365 enfants, autant qu'il y a de jours dans l'an, tous bien formés et ayant vie, gros comme le poing ». Et ce n'était rien encore : Mathilde, comtesse de Hollande, la distançait de beaucoup, et se trouvait mère, en une fois, de 1,514 enfants. L'histoire ne nous dit pas combien survécurent.

Pour ne rien contenir de si original, les observations de Portal, qui ont trait à des grossesses multiples, n'en sont pas moins, à un tout autre point de vue il est vrai, fort intéressantes. Elles relatent huit accouchements gémellaires et deux triples. La grossesse gémellaire était encore redoutée au XVIIe siècle ; on craignait fort l'enchevêtrement des fœtus. Mauriceau, le premier, avait réagi contre cette idée, et Portal ne paraît pas davantage avoir partagé le pessimisme de ses contemporains ; il avait eu l'occasion, c'est lui qui nous le dit, d'en constater plusieurs cas à l'Hôtel-Dieu, et toujours ils s'étaient terminés heureusement.

Le diagnostic de grossesse gémellaire n'était presque jamais posé pendant son cours ; autant dire même qu'avec le peu de moyens dont on disposait, un diagnostic ferme était impossible. Avec l'hérédité que l'on connaissait, le principal signe qui pût éveiller l'attention de l'accoucheur et lui faire soupçonner une grossesse gémellaire, c'était le développement exagéré du ventre : plusieurs fois Portal a été mis en éveil par ce symptôme ; il sait ce que peut être le contenu de ces ventres « de grosseur prodigieuse ». « Je trouvai le ventre de cette malade d'une groseur extraordinaire, et cela me fit juger qu'elle était enceinte de deux enfants », d'autant mieux que l'utérus de cette femme devait être tari de liquide amniotique : « Ce qui me confirma dans cette pensée, ce fut que la femme avait vidé beaucoup d'eaux, et que la plus grande partie s'étaient écoulées par l'ouverture de leurs membranes. » Là encore, le sens clinique appuyé du raisonnement supplée à la pénurie des moyens d'investigation. Encore n'est-ce qu'une présomption ; il n'ose conclure d'une façon ferme, sachant combien il serait scabreux de se baser pour cela uniquement sur un développement anormal de l'abdomen. Mauriceau avait signalé une dépression, parfois visible à l'inspection, qui s'étend du haut en bas de l'utérus et qui se dessine plus ou moins obliquement sur sa face antérieure. Une fois, au toucher, Portal aurait pu faire le diagnostic : les membranes sont percées, les eaux écoulées ; un premier toucher lui donne des sensations vagues : « Je reconnus le travail être fort embarrassé, ne pouvant encore distinctement le reconnaître » ; à une seconde tentative, quelques heures plus tard, il sent au bout de son doigt une des fesses de l'enfant en la partie latérale et droite du vagin et de l'orifice interne, et une orbite du côté gauche. Mais là encore, il l'avoue lui-même, ce n'est qu'en voulant pratiquer la délivrance artificielle qu'il affirme son diagnostic. Le plus souvent, en effet, la grossesse gémellaire est pour lui une surprise de la délivrance ; la présence d'un second fœtus n'est reconnue qu'au moment où, le premier venant d'être expulsé, il va à la recherche de l'arrière-faix. La main, qui comptait pouvoir accéder librement au placenta, est arrêtée en chemin par les membranes du second œuf.

« Je m'appliquai à délivrer la mère ; mais, au lieu de placenta, je sentis, à l'extrémité de mes doigts, d'autres membranes, non rompues. »

L'accouchement en lui-même n'a rien de particulier à signaler ; que le premier enfant ait été expulsé naturellement, qu'il ait fallu l'extraire par les pieds ou pratiquer une version podalique, tout s'est passé comme si la grossesse eût été simple. Dès que la présence d'un autre œuf est reconnue, il n'y a qu'à provoquer l'accouchement, rompre séance tenante à nouveau les membranes ; l'expulsion du second enfant sera facile, les voies étant préparées par le passage du premier. Il n'y a donc là rien qui soit de nature à effrayer. Cette conduite est évidemment la bonne.

Il est de toute nécessité, dès qu'une grossesse gémellaire a été reconnue, de faire la double ligature du cordon ; l'observation relatée à la fin de ce chapitre en donne les raisons, et fait voir que Portal la reconnaissait, bien à tort, tout aussi utile pour la mère que pour l'enfant.

Sobre de détails sur l'accouchement proprement dit, il se plaît par contre à s'étendre longuement sur l'examen de l'arrière-faix. Viardel, dont l'ouvrage était de quelques années antérieur au sien, avait avancé à ce sujet des idées que Portal ne partageait pas, et avait à cœur de réfuter, les preuves en main; pour Viardel, suivant que les jumeaux étaient ou non de même sexe, l'arrière-faix devait être simple ou double :

« Cela supposé, dit-il, il faut remarquer que si la femme accouche de deux jumeaux qui soient d'un même sexe, il n'y doit y avoir qu'un arrière-faix, car ils sont renfermés tous les deux dans le même délivre, en sorte néanmoins que chacun a ses vaisseaux ombilicaux à part ; mais s'ils sont de divers sexes, c'est-à-dire mâle et femelle, ils seront séparés par diverses membranes, et auront chacun son délivre à part: ce qui me semble avoir été fait par une providence admirable de la nature, qui semble vouloir inspirer aux hommes, dès le premier moment de leur conformation, des lois et des règles pour la chasteté. »

C'est pour combattre cette théorie, moins fantaisiste en réalité qu'il la croyait, que Portal ne manquait jamais d'examiner soigneusement l'arrière-faix, toutes les fois que les hasards de la clientèle lui fournissaient un cas de grossesse gémellaire.

Pour lui, le placenta, le plus souvent double, peut être unique; il en a vu des exemples. Il n'en donne d'ailleurs aucune explication. Par contre, les membranes sont toujours doubles, « chaque enfant nage dans ses eaux propres, entouré de ses membranes ». Voici d'ailleurs ce qu'il en dit :

« Je l'accouchai (d'un garçon et d'une fille); puis, l'ayant délivrée, je ne trouvai qu'un placenta, mais deux ombilics et quatre membranes, savoir deux pour chaque enfant (P o r t a l connaît bien l'amnios et le chorion, mais ne fait mention nulle part de la caduque), savoir deux pour chaque enfant, lesquelles renfermaient des eaux séparées, contenues chacune dans ses membranes, où les enfants nageaient séparément. Cette observation est contraire à ce que dit monsieur V i a r d e l, que lorsqu'une femme accouche de deux gémeaux de même sexe, il n'y doit avoir qu'un arrière-faix ; mais s'ils sont de divers sexes, c'est-à-dire mâle et femelle, il y aura deux arrière-faix. Il ajoute qu'il semble que cela ait été fait par une providence admirable de la nature.

« Je ferai voir ailleurs par de bonnes autorités que cette opinion de monsieur V i a r d e l n'est pas véritable. Chaque enfant a ses membranes, et les membranes de chacun contiennent les eaux qui lui sont nécessaires pendant qu'il est dans le ventre de la mère, dans lesquelles il est nageant jusqu'à ce qu'il vienne au monde.

Il n'en est pas de même du placenta : « il peut arriver qu'il n'y en ait qu'un pour deux enfants ».

« L'enfant dans la matrice nage dans les eaux, comme le jaune d'un œuf dans sa glaire, et l'œuf, de la même manière, a sa membrane qui se durcit et vient en coquille, laquelle à mon sens représente le chorion avant que la coquille se durcisse ; et la membrane qui se trouve sous cette coquille représente l'amnios. »

Ailleurs, il relate un cas d'accouchement gémellaire de deux filles : « J'eus la curiosité de voir s'il y avait deux arrière-faix, vu que ces deux enfants étaient de même sexe. Je portai donc doucement ma main pour séparer les arrière-faix que je tirai hors de la matrice ; et après les avoir tirés, je les examinai bien distinctement l'un après l'autre, n'ayant aucune adhérence ensemble. »

P o r t a l n'avait pas rencontré d'œuf unique, et il le niait.

V i a r d e l avait raison d'y croire ; tout en ayant le tort de vouloir en faire la caractéristique des jumeaux unisexués, et sans insister sur l'explication bizarre qu'il en donne, il se rapprochait de la vérité cependant, puisqu'il est à peu près prouvé maintenant que c'est dans ces cas-là que se rencontre le plus souvent l'œuf unique.

Les observations qui ont trait à des grossesses multiples sont la plupart fort intéressantes ; deux d'entre elles surtout (74 et 80), la première étant une grossesse gémellaire et la seconde une grossesse triple, sont à retenir : elles concernent des accouchements dans lesquels l'un des enfants est à terme, vivant, ou sain quoique mort, l'autre ou les autres étant arrêtés dans leur développement. Nous les reproduisons, ainsi que l'observation 8 (grossesse gémellaire) et l'observation 62 (grossesse triple).

OBS. 8. — *De l'accouchement de deux enfants, dont l'un avait la cuisse droite croisée sur la gauche, et l'autre présentant les pieds.*

Un jeudi 16e jour d'août 1665, j'accouchai une demoiselle dans la rue Aubry-Boucher, où je trouvai une ancienne sage-femme, qui était tellement embarrassée, qu'elle ne savait où elle en était de voir la grosseur prodigieuse du ventre de la malade. Elle se vit obligée de demander du conseil, et je fus appelé pour la secourir.

Ayant examiné les choses, je reconnus que les eaux étaient écoulées, et que la grossesse pouvait être de plusieurs enfants. Je sentis d'abord un bras d'un enfant qui se présentait. Je tâchai de le repousser et, n'en pouvant venir à bout, je glissai ma main le long du bras et du corps de l'enfant, jusqu'à ce que j'eusse trouvé les pieds ; j'en pris un et je lé tirai ; mais à mesure que je tirais l'enfant, il se tournait, et le bras rentrait de lui-même. Je tirai ce pied jusqu'au genou, et alors je sentis que le pied droit de cet enfant était en travers dans l'orifice interne de la matrice et qu'il croisait la partie moyenne et externe de la cuisse gauche. Cela m'arrêta et me fit surseoir mon opération jusqu'a ce que j'eusse glissé mes doigts le long de la jambe et de la partie inférieure de la cuisse, qui était déjà en dehors, afin de dégager le pied de la jambe qui croisait sur la cuisse, parce qu'elle se serait rompue si j'avais tiré l'autre avec force ; mais je le dégageai peu à peu et l'amenai au passage, ce qui me fit assembler les deux pieds et c'est ce qu'on doit toujours faire, tant qu'on le peut.

Je ferai remarquer ici qu'on ne doit pas tant s'amuser, comme l'on fait ordinairement, à porter la main pour chercher l'autre pied, quand on en tient un. J'ai fait remarquer plusieurs fois à Mmes Moreau et De France, anciennes sages-femmes jurées au Châtelet de Paris, et très habiles en leur profession, ès années 1660 et 1663, lorsqu'elles étaient maîtresses sages-femmes de l'Hôtel-Dieu de cette ville, que lorsqu'on avait conduit un pied dehors, il n'était point nécessaire d'aller chercher l'autre, pourvu toutefois que la situation que je viens de dire ne se rencontre pas ; car il est très certain que suivant cette méthode la femme ne sent pas la moitié des douleurs qu'elle souffre, lorsqu'on porte plusieurs fois la main dans la matrice, et que l'enfant en est moins travaillé, comme je l'expliquerai en parlant de l'accouchement où l'enfant présente l'*anus*.

Ayant donc tiré les deux pieds de l'enfant, j'enveloppai ensemble les deux jambes avec un linge doux ; en les tirant, les jambes et les cuisses suivirent, et tout le reste du corps de l'enfant ; mais comme la tête se trouva un peu serrée, je fus obligé de mettre ma main gauche, comme j'ai dit ailleurs, sur le *sternum* et la droite sur les vertèbres du col de l'enfant, afin de le tirer avec plus de facilité.

Cette manière d'opérer me servit pour amener un beau garçon ; après cela je voulus délivrer la mère de l'arrière-faix, où je trouvai une autre membrane qui se gonflait par le moyen d'autres eaux qui étaient poussées par le mouvement de la douleur, ce qui me fit juger qu'il y avait plusieurs enfants. Je laissai là pour un temps ce second travail, pour revenir à l'enfant que j'avais tiré, auquel je fis deux ligatures à son ombilic avec du fil, avant de le couper, dont les accoucheurs doivent être munis et en avoir plusieurs, et je coupai cet ombilic entre les deux ligatures, parce que si je ne l'avais pas fait, le sang se serait perdu et cela aurait affaibli la mère et l'enfant. Ce fil est une espèce de petit cordonnet composé de quatre brins de fil qu'on noue par les deux extrémités. L'on fait deux tours de ce fil à l'entour de l'ombilic et on le noue et serre fort, afin que l'enfant ne perde pas de sang, comme cela arrive quelquefois par le relâchementde ce fil, l'ombilic venant à se relâcher, ce qui pourrait causer la mort à l'enfant.

Quand il y a deux enfants, il faut toujours faire ces deux ligatures et couper l'ombilic entre deux, afin que l'une reste à la portion de l'ombilic qui tient à l'enfant, et l'autre à l'extrémité du cordon de l'arrière-faix, qui est encore dans la matrice, et cela se doit faire avant l'extraction de l'arrière-faix.

La première de ces ligatures se fait à deux travers de doigt du ventre de l'enfant et la seconde, qui reste à l'arrière-faix, à deux travers de doigt de la première, et la section se fait entre les deux ligatures.

L'usage de la première est comme celui de la seconde : c'est d'être bien serrées, afin d'empêcher que le sang de l'enfant ne se perde, et par conséquent la vie, comme j'en ai vu qu'on a trouvé morts faute d'y avoir prévu.

L'usage de la seconde ligature se fait pour empêcher que le sang du *placenta* ne s'évacue trop par le cordon qui donne la nourriture à l'enfant avant le part ; outre que si ce cordon n'était pas bien lié et serré, et qu'il y eût deux enfants dans la matrice, le sang qui se perdrait affaiblirait l'autre enfant et le priverait du baptême et, par conséquent, de la vie ; la femme en tomberait dans des syncopes étranges et serait en danger de mort, comme j'en ai vu, par la timidité des sages-femmes, qui, n'ayant pas eu assez de hardiesse pour aller quérir le second enfant, ont laissé mourir les femmes, avant que d'avoir eu le secours qui leur était nécessaire.

Cette ligature du côté de l'arrière-faix a encore un autre usage : c'est de retenir le sang, qui est contenu dans l'arrière-faix quand il est dehors, ce sang le faisant paraître plus beau et plus gonflé par le moyen de ces vaisseaux qui restent plus pleins et par ce moyen l'arrière-faix a plus d'apparence, lorsqu'on veut en faire la démonstration à MM. les médecins et aux personnes qui sont présentes.

Les secondes membranes du second enfant s'étaient enflées par les mouvements des eaux, quasi de la grosseur de la tète de l'enfant et, pour le mieux faire entendre, ressemblaient à une vessie de cochon qu'on aurait remplie d'eau ; lesquelles étant sorties hors des orifices de la matrice, se trouvèrent fort épaisses. Je fus donc obligé de les ouvrir avec une épingle, en quoi je ne fis pas le scrupuleux, comme font beaucoup de sages-femme, qui demandent un grain de sel pour en faire l'ouverture, parce que ces membranes n'ont point de sensibilité, du moins qui nous soit apparente, n'y ayant nul danger lorsqu'elles sont hors les parties de la femme, ni même quand on les ouvrirait à l'entrée de l'orifice externe, puisque bien souvent dans les travaux difficiles nous les ouvrons dans la matrice, ayant expérimenté plusieurs fois qu'après qu'elles sont ouvertes, la seconde ou troisième douleur amène la tête de l'enfant et que dans ce moment la femme se trouve délivrée d'un pesant fardeau.

Cela n'est pas ordinaire à toutes les femmes, car il y en a qui vident des eaux bien souvent avant que d'accoucher et pour l'ordinaire en celles-là les accouchements sont longs.

Après que j'eus ouvert ces membranes, et que ces eaux se furent écoulées, je sentis au bout de mon doigt l'un des pieds de ce second enfant, que je tirai dehors, en l'enveloppant avec un linge, après que je l'eus ondoyé sous condition.

Je fus d'autant plus porté à le faire que je trouvai la jambe de cet enfant couverte d'une matière visqueuse, quoiqu'ordinairement les enfants en soient couverts. Celle qui couvrait celui-ci était extraordinairement épaisse sur tout le corps, ayant l'épaisseur presque d'une ligne. Cette matière est blanchâtre et de consistance de graisse. J'eus la curiosité d'en jeter dans le feu ; elle pétillait comme fait la graisse qui n'a pas été préparée.

Cet enfant se trouva la cuisse et la jambe ployées sur son ventre en droite ligne, ce qui me fut d'un grand secours et me donna plus de facilité à le tirer, et je le fis sans peine, à cause que le passage était déjà fait par la sortie du premier enfant.

Je mis ce second enfant dans les mains de la sage-femme afin de délivrer la mère, ayant fait réflexion que bien souvent deux enfants n'ont qu'un même *placenta*, quoiqu'ils aient différentes membranes.

Je pris avec mes doigts le cordon, pour voir si l'arrière-faix le suivrait et s'il viendrait de soi-même en le tirant par le cordon, ou s'il serait nécessaire que j'employasse le secours de mon autre main, comme il m'est quelquefois arrivé en pareils accouchements, dans le temps que je travaillais à l'Hôtel-Dieu. Je n'eus pas beaucoup de peine à le tirer, parce qu'il s'était séparé naturellement ; il suivit le cordon ou ombilic de l'un des enfants, qui se trouvait attaché naturellement au milieu de cet arrière-faix ou *placenta* ; l'autre cordon se trouvait attaché à l'extrémité ou au bord de ce même *placenta* qui contenait quatre membranes et se trouvait le seul siège des deux enfants.

La femme se porta fort bien de cet accouchement ; aussi se gouverna-t-elle avec beaucoup de précaution pendant le cours de sa couche. On mettait dans ses bouillons le jus de la moitié d'une orange aigre ; elle prenait tous les matins un lavement, que l'on faisait avec des mauves, guimauves, violiers, et dans une livre de cette décoction on dissoudait trois onces de miel de nénuphar et, le soir, une pareille décoction sans miel, pour lui adoucir les tranchées. Je fais ici mention du miel de nénuphar, parce qu'il est plus doux et moins vaporeux que les autres miels, outre qu'il apaise particulièrement l'acrimonie du lait, quand il commence à passer et à se corrompre.

Les lavements fréquents aux femmes en couche sont fort utiles, et il est toujours bon de leur en donner deux par jour.

On les étuvera ensuite avec la décoction d'orge et de cerfeuil,

comme nous l'avons dit, faisant bouillir l'un et l'autre dans une
suffisante quantité d'eau.

OBS. 74. — *De l'accouchement d'une femme hydropique et grosse
de deux enfants, dont l'un présentait la fesse droite, et l'autre
se trouvait enveloppé dans ses membranes, tout pourri, âgé
d'environ quatre à cinq mois, et le premier à terme et parfait.*

Un dimanche, premier jour du mois de juin 1661, je fus appelé,
à deux heures du matin, pour voir une demoiselle qui était grosse
d'environ son neuvième mois, hydropique, que je trouvai entre les
mains de son confesseur qui l'exhortait à bien mourir, quoique la
malade eût perdu la parole et fût extrèmement oppressée par un
asthme, qui l'empêchait de respirer.

Je représentai à M. son confesseur qui était M. Angeard, homme
de grande vertu, qu'il ne fallait point perdre de temps à lui faire
recevoir l'extrème-onction, ce qu'il approuva fort. Dès qu'elle l'eut
reçue, je jugeai que cette femme mourante n'en pouvait réchapper
que par un coup du hasard. Ne sachant que lui faire, voyant son
pouls assez fort pour supporter quelque remède et l'heure étant indue
pour avoir du conseil, je pris résolution de la saigner, ce qui fut heureusement fait pour la malade, car cette saignée fit un si grand effet
qu'un quart d'heure après l'avoir faite la parole lui revint et, la voyant
un peu remise, nous nous retirâmes, M. Angeard et moi, la trouvant
assez forte et en bon état. Mais, sur les sept heures du matin, j'y fus
encore appelé parce qu'elle sentait, disait-elle, des douleurs pour
accoucher. Je la touchai, je la trouvai en travail pour accoucher. Je
sentis un enfant présenter la fesse droite ; dans l'intervalle de la douleur, lorsque les membranes venaient à se flétrir et que, la douleur
étant passée, les eaux se retirent et les membranes se flétrissent,
on sent plus facilement, au travers de ces membranes, la partie qui se
présente la première, que lorsque la membrane est tendue par les
eaux, c'est-à-dire gonflée. Un moment après, les eaux s'étant écoulées par l'ouverture des membranes, je glissai mes doigts dans les

orifices de la matrice et, sentant présenter la fesse, je coulai ma main le long d'icelle et de la jambe, et je dégageai le pied que je tirai avec le plus de douceur qu'il me fut possible pour ne pas beaucoup travailler la malade, attendu qu'elle était très faible. Ayant tiré ce pied hors des orifices, j'ondoyai l'enfant sous condition, quoiqu'il y eût hydrocèle aux parties de notre malade.

Je tirai ce pied après l'avoir enveloppé d'un linge fin et délié; je tirai cette jambe, et l'autre en même temps se dégagea. J'amenai une fille faite, formée et à terme, sans apparence d'aucune pourriture, bien blanche et sans y connaître aucune marque de vie, et, l'ayant tirée, je délivrai la malade. En glissant mes doigts dans les orifices, je reconnus qu'il y avait un autre enfant qui était encore dans ses membranes particulières et dans ses eaux, mais entièrement pourri, de l'âge d'environ 4 à 5 mois, du moins de ce qu'il pouvait avoir eu vie, étant dans une pourriture ou corruption parfaite, sans qu'il y eût liaison d'aucune de ses parties, tant il était putréfié ; mais je le tirai par les pieds, se déchirant comme de la filasse pourrie, et l'ayant tiré avec beaucoup de peine, à cause de la faiblesse de la malade, je la délivrai de ses deux arrière-faix, qui tenaient ensemble, mais fort secs, racornis et endurcis, comme serait de la couenne de lard.

Les deux nombrils étaient bien placés, étant continus à chaque extrémité du *placenta ;* mais je remarquai que le premier enfant était à terme, c'est-à-dire à neuf mois, fort net en toutes ses parties, sans aucune pourriture, quoique mort. Le dernier était tout pourri, de l'âge que j'ai dit, autant que j'en puis juger selon mon sens. Ce dernier pouvait être mort sur les quatre à cinq mois de grossesse ou environ, ce qui pouvait avoir causé en partie l'hydropisie à la mère.

Cet enfant s'était conservé dans ses membranes avec la pourriture et le premier dans les siennes, y ayant séparation par leurs membranes, chacun de leurs arrière-faix qui contiennent leurs eaux, lesquelles ne se communiquent en aucune manière les unes aux autres, n'y ayant point de proximité, s'étant seulement conservés dans leurs eaux l'un et l'autre séparément, et cela est étonnant de voir deux enfants dans un même vase comme est la matrice, l'un pourri et l'autre sain de toutes ses parties, toutefois sans vie.

J'en laisse le jugement à MM. de la médecine, ne me sentant pas assez de capacité pour juger d'une telle matière. Mais autant que j'en puis juger, je crois qu'il se conserve dans cette eau, qui lui est naturelle, de même qu'une personne qui se serait noyée et qui demeurant au fond de l'eau ne se corrompra pas si tôt que si elle prenait l'air ; aussi cet enfant qui est dans son lieu naturel et dans son baume, qui sont les eaux où il a été nourri depuis sa génération, s'y doit mieux conserver que ne sera un noyé dans le centre de la rivière, qui ne se corrompt que rarement, ou que par succession de temps, ou lorsqu'il vient à la superficie de l'eau.

Reprenant la suite de mon observation, je dirai qu'après être accouchée elle crut effectivement mourir ; mais ses évacuations se firent si bien qu'elle s'en porta mieux.

Étant accouchée et délivrée, je lui fis prendre un jus d'oranges aigres avec du sirop de capillaire, comme je le pratique à toutes mes accouchées, autant que la commodité le permet.

Le lendemain lundi, au matin, elle prit un lavement fait d'une décoction émolliente et apéritive sans miel, avec deux onces d'huile d'amandes douces.

Le mardi, nous continuâmes de même. Quoiqu'elle eût la fièvre, elle mangea du pain, du potage, même de la viande, comme si elle avait été en parfaite santé, quoiqu'on lui défendît et nonobstant son oppression, ne la pouvant empêcher, et je ne fais point de doute que les femmes ne mangent après être accouchées, puisque les animaux nous montrent le chemin. La brebis, dès qu'elle a niellé, mange et commence à paître comme si elle n'avait point niellé, et ainsi des autres animaux. Et la femme, qui est un animal raisonnable, peut manger avec raison, puisque Dieu lui a donné plus de lumière qu'aux autres animaux. Pour moi, je ne m'oppose pas que mes accouchées ne puissent manger un peu, n'ayant point de fièvre, et je me suis toujours bien trouvé de les laisser manger un peu, jusqu'au lait, alors je les laisse trois jours sans les faire manger, ne leur donnant que des bouillons et des œufs.

Le mercredi et le jeudi, elle continua de même, en prenant seulement des lavements.

M.   9

Les vendredi, samedi et dimanche, qui était le huitième jour de sa couche, elle voulut même manger des fraises, quoique ses jambes ne désenflassent point, m'étant impossible de l'en empêcher.

Le lundi, je lui fis prendre de la même décoction, avec trois onces de miel mercuriel, parce qu'elle ne vidait que de l'eau et du lait en petite quantité, ayant soin de la faire étuver soir et matin, avec la décoction d'orge et de cerfeuil.

Le mercredi, MM. De Cressé et Du Chesne, deux habiles médecins, la virent et ne purent l'empêcher de manger, non plus que moi.

Ils la traitèrent si sagement qu'ils la remirent en santé, après lui avoir fait évacuer toute son hydropisie. Ils furent étonnés lorsqu'on leur fit le rapport de cet accouchement de deux filles et de la manière que toutes choses s'étaient passées à l'égard de la malade, avec un heureux succès.

Obs. 62. — *De l'accouchement d'un enfant qui présentait l'anus.*

Un lundi, 16e jour du mois de juillet 1674, je fus envoyé chez Mme De la Marche, maîtresse sage-femme, et très expérimentée en son art, laquelle demeurait proche Saint-Louis, dans l'île Notre-Dame, pour accoucher une demoiselle. Après avoir demandé à Mme De la Marche ce qu'elle avait fait et qu'elle m'eût fait connaître ce qui s'était passé dans les douleurs que la malade avait souffertes, je glissai mes doigts aux parties. Je sentis au bout de mes doigts une mucosité que je reconnus être du *méconium*, cela me fit dire que *l'anus* de l'enfant se présentait le premier et qu'il fallait que la malade s'efforçât, laquelle s'efforça et l'enfant aussi, qui pouvait être fort. En effet il y parut, parce que dans une douleur l'ombilic de l'enfant, qui se trouvait être court, se rompit à quatre travers de doigt du ventre de l'enfant. Je l'arrêtai et comprimai de ma main gauche afin qu'il ne perdît pas de sang, et, par conséquent, ses forces, et de la droite je dégageai l'enfant et le tirai ; puis je liai l'ombilic le plus promptement qu'il me fut possible. Cela étant fait, je mis l'enfant entre les mains de la sage-femme ; je pris ensuite le cordon, afin de tirer par son moyen le *placenta* et, y trouvant de la résistance, j'introduisis à la faveur de celui-ci mes doigts et ma main. Alors je sentis d'autres membranes qui se présentaient, ce qui me fit connaître qu'il y avait encore un enfant.

Je perçai ses membranes et, en ayant fait évacuer les eaux, le bras du second enfant se présenta. Je le repoussai dans la matrice, et coulant ma main le long de l'épaule et des hypochondres, des cuisses et des jambes, je pris le pied que je tirai dehors et l'autre suivit aussitôt. Au même instant que je tirais le pied, le bras rentrait.

M. Viardel, en son chapître III, page 18, dit que l'enfant étant à terme rompt et déchire les membranes avec ses pieds, qu'il tourne sa tête en bas vers l'orifice interne de la matrice, cherchant à se faire passage pour sortir de cette prison, où il ne peut plus demeurer; que lorsque les eaux sortent, elles lubrifient le passage et le rendent beaucoup plus aisé.

Je réponds à cela que s'il est vrai que l'enfant rompe ses membranes en les poussnt avec les pieds, elles ne descendraient pas dans les orifices de la matrice où elles paraissent pour l'ordinaire comme une vessie de cochon, quand elle est bien pleine.

Si ces membranes s'ouvrent, que les eaux s'écoulent et que la tête de l'enfant ne suive pas ces eaux, c'est signe que le travail sera laborieux et pénible. Tant que la femme videra des eaux elle n'accouchera point, parce que les eaux sortent par quelque petite ouverture qui se trouve faite aux membranes ; alors elles s'évacuent dans la matrice, et dans le mouvement des douleurs ces eaux s'écoulent et sortent ainsi, jusqu'à ce qu'il se trouve que dans les membranes il n'y a que l'enfant qui pousse alors vertement et fait l'ouverture pour sortir. C'est ce qui fait dire à l'accoucheur ou à la sage-femme que dès que les eaux commenceront à cesser de couler, on est assuré que les douleurs pour l'accouchement augmenteront et que la femme accouchera bientôt.

Par la nature, constitution et diminution des membranes on peut bien souvent juger du travail, car si elles sont rondes, elles marquent ordinairement un travail naturel et heureux, mais non pas toujours, parce que quand l'enfant présente les fesses ou l'épaule, elles sont souvent aussi rondes qu'elles le sont en l'accouchement naturel. Au contraire, si les membranes sont de figure longue, elles marquent un accouchement contre nature. Les sages-femmes veulent que les membranes prennent la forme et la nature de la partie qui se présente. Lorsque les membranes sont venues dans un état de grosseur, si elles ne se percent point à cause de leur épaisseur, on est obligé de les percer avec un grain de sel : cela se peut faire si le grain est aigu et tranchant, ou avec la pointe d'une épingle. Aussitôt que ces eaux et ces membranes sont venues à une certaine période, et qu'on les perce, où qu'elles se percent d'elles-mêmes, deux ou trois douleurs venant après à la femme, l'enfant sort.

Pour revenir à notre observation, le second enfant fut une fille, qui était plus petite que le premier enfant. Je fis la même chose que j'avais faite à l'autre ; je liai l'ombilic en deux endroits et je le coupai entre deux ligatures. Mais comme je cherchais à délivrer la femme du second et du premier arrière-faix, je trouvai le même obstacle que j'avais eu aux autres.

Je sentis d'autres membranes qui se gonflaient par les eaux, je perçai les membranes, les eaux s'écoulèrent et dans ce moment le bras du troisième enfant se présenta, de manière que le tournant, comme j'avais fait du second, je le tirai. Il était plus puissant que les deux autres, et l'ombilic plus petit.

Ces trois enfants étant sortis, je pris l'ombilic du premier parce qu'il était le plus gros et le plus court et, glissant ma main le long de cet ombilic, je la conduisis jusqu'à la partie déclive du *placenta*. Je tenais ce même ombilic avec ma main gauche et par ce moyen je séparai les trois arrière-faix que je tirai en bon état et tout entiers. Ils étaient attachés l'un à l'autre par une forte portion de *chorium*, qui les enveloppait tous les trois, desquels je fis la démonstration en présence de MM. Lalier, Biendisant et Bricet, tous trois habiles et savants médecins.

Je leur fis remarquer que chaque *placenta* avait deux membranes, dans lesquelles ces trois enfants étaient contenus.

Chaque enfant ayant son *chorium*, son *amnios* et ses eaux séparées, les arrière-faix étaient attachés ensemble.

Comme j'aperçus qu'il était resté une petite portion d'un des *amnios*, je glissai ma main dans la matrice où je trouvai un corps rond et dur, qui roulait de côté et d'autre, ayant seulement en un endroit une petite adhérence, en forme de patte d'oie, de la nature du *placenta*, laquelle je séparai ; mais, l'ayant tirée, je reconnus que c'était une môle, de la grosseur d'un grosse boule à jouer au mail.

Ces trois enfants furent baptisés à Saint-Louis. Je les vis l'espace de quinze jours en bonne santé et la mère se porta fort bien.

J'ai fait plusieurs accouchements de cette nature, dont je supprime le récit, pour éviter les redites.

Obs. 80. — *De l'accouchement d'une femme qui était grosse de trois enfants, dont l'un était vivant et à terme, et les deux autres morts.*

Un jeudi, 18ᵉ jour du mois de mars 1683, je fus appelé sur les 10 heures du soir, pour accoucher une demoiselle qui demeurait en la rue Saint-Martin, paroisse Saint-Médéric, laquelle je trouvai au lit, malade. Je lui demandai l'état de son mal. Elle me dit sentir beaucoup de douleurs, lesquelles se portaient fort sur le siège et aux reins. Je la touchai pour pouvoir reconnaître son travail, auquel je ne sentis aucune disposition ni ouverture de la matrice, qui était fort abaissée vers l'orifice externe, ce que je sentis au bout de mon doigt par toute sa circonférence, tant en rondeur qu'en pesanteur de tout le corps de celle-ci, ce qui m'obligea de faire mon pronostic que l'enfant viendrait bien. L'ayant trouvée en cet état, je m'en retournai chez moi, où je ne fus pas longtemps parce que la malade, se sentant plus incommodée, me fit appeler la nuit, sur les deux heures du vendredi au matin et, l'ayant touchée de nouveau, je sentis la membrane des eaux se présenter ; ce qui me fit bien espérer de cet accouchement, quoique la malade eût été incommodée, pendant quelques jours, d'un grand vomissement et qu'elle eût eu de continuelles nausées et quelques douleurs qu'elle avait senties, ne pouvant rien retenir dans son estomac de nourriture solide ni liquide.

Cette demoiselle était extrêmement grasse, n'ayant d'autre incommodité que des envies de vomir, disait-elle ; aussi voit-on bien que beaucoup de femmes dans leur travail disent qu'elles sont faibles et ont mal au cœur et qu'il semble, à les entendre dire, qu'elles vont mourir et qu'elles ne sentent point remuer leurs enfants. Aussi celle-ci disait qu'elle ne sentait remuer son enfant que fort faiblement. Mais, enfin, le travail pour l'accouchement se disposant de mieux en mieux, environ sur les quatre heures du matin, je lui fis prendre un lavement que je composai d'une décoction de son bouilli dans de l'eau et 4 onces de miel commun bien écumé. Ce lavement excita des douleurs à la malade plus grandes qu'auparavant et l'ayant touchée, comme j'ai dit, tout de nouveau avec mon doigt, je sentis que l'enfant poussait les eaux et les membranes. Alors je fis lever la malade afin de préparer toutes choses et, l'ayant fait mettre sur un lit commode, les membranes des eaux s'ouvrirent et les eaux s'écoulèrent, mais en petite quantité, c'est-à-dire environ 2 à 3 livres d'eau. Alors l'enfant poussait vertement et descendit au couronnement.

Ce couronnement se peut appeler ainsi lorsque la tête se présente la première à l'orifice externe de la matrice, où on voit paraître le cuir chevelu de la tête de l'enfant, en rond, en forme de couronne. Alors je la fis remettre dans son lit, où peu de temps après il survint deux grandes et fortes douleurs, où l'enfant et la mère poussaient fortement, avec l'aide que je leur pus rendre ; la tête sortit et j'appliquai mes deux mains à plat sur les oreilles de l'enfant et je le tirai de cette sorte vers moi. L'enfant sortit assez facilement, il commença à crier ; je détournai l'ombilic qui faisait une ceinture à l'endroit des hypochondres ; je pris un fil, comme j'ai dit dans mes observations précédentes, avec lequel je liai ledit ombilic à deux travers de doigt du ventre de l'enfant.

Après avoir fait cette ligature et vu que cet enfant était de moyenne grosseur, cela me fit juger qu'il pouvait y en avoir deux. Je fis une autre ligature au même cordon et à la même distance de la première, c'est-à-dire à deux travers de doigt de la première ligature du côté de l'arrière-faix, et j'en fis la section avec des ciseaux.

Cette section faite, je donnai l'enfant à la garde et je songeai à délivrer la malade de son arrière-faix en cette manière. Je pris le cordon dudit arrière-faix de ma main gauche, sans rien forcer, à cause du doute où j'étais qu'il y eût deux enfants.

Je glissai ma main le long dudit cordon, dans les orifices de la matrice ; je le tirai à moi et l'arrière-faix le suivit, sans faire aucun effort, sain et parfait, avec toutes ses membranes et, glissant mes doigts plus avant, je sentis une main très petite. Alors je crus être obligé d'en donner avis à M. son mari, qui était présent dans la chambre, avant que de me mettre en état de rien entreprendre.

Je lui dis que j'avais senti une main et voulant aller reconnaître avec le doigt en quelle situation était cette partie, mon doigt se trouva rempli d'une matière glaireuse, très puante, ce qui me fit croire que l'enfant était mort, ayant auparavant reconnu cette main être très petite pour un enfant, qui dans toutes les apparences devait être au terme de neuf mois, comme celui que j'avais déjà reçu vivant.

J'introduisis ma main dans la matrice pour le tourner ; je sentis un corps étrange, de l'épaisseur de la pointe ou extrémité d'une langue de bœuf, adhérant en la partie postérieure de la matrice vers son orifice interne et, voulant reconnaître ce que ce pouvait être, je sentis un cordon ferme et attaché à ce corps étrange, que je crus bien pouvoir être celui du *placenta*. J'en demeurai là, à cause de la résistance que j'y trouvais.

Je portai mes doigts vers la partie latérale et droite du fond de la matrice de la femme, où je sentis des aspérités et des parties fort plates, comme des os écrasés et aplatis. Je quittai cette partie et cherchai les pieds de cet enfant, que je sentis tout séparés de leurs épidermes et je les tirai doucement, comme qui tirerait un hareng par la queue, ayant la même figure ; à l'égard de l'épaisseur, il avait de longueur environ un pied de roi ; il était pourri et presque desséché et couvert en partie d'un excrément tout jaune. Son corps n'avait pas un travers de doigt d'épaisseur, sa tête toute aplatie et écrasée, les os approchés les uns contre les autres, en longueur, comme les oreilles d'un lièvre. Au milieu, sur la crête de ces os, antérieurement, se trouvait une ouverture à mettre le petit doigt ; la mâchoire inférieure se trouvait divisée, mais couverte d'une membrane toute pourrie, rougeâtre et glaireuse ; les yeux ni le nez ne paraissaient point, les bras et les mains étaient formés, mais aussi fort desséchés.

Son ombilic était attaché environ à un pouce du bord de cet arrière-faix, que j'ai dit ressembler à la langue d'un bœuf. Je le suivis et en chemin je rencontrai au bout de mes doigts un autre enfant, mais plus petit, aussi fort aplati, de la grosseur d'un hareng sauré, aussi desséché, même plus que le premier, ayant la tête plate comme un louis d'un écu blanc, sans aucune substance de cerveau, le menton tourné vers l'épaule droite.

Le corps n'avait pas plus d'épaisseur que la tête ; ses yeux se distinguaient aux deux côtés latéralement, son nez sur un angle ; sa bouche était fendue à travers cet angle, allant d'une partie latérale et plate à l'autre ; ces deux parties faisaient la face, qui était plate ; son menton aussi bien formé, le tout bien construit et qui n'avait pas en épaisseur une ligne plus qu'un écu blanc. Son col avait environ trois lignes de longueur, ses bras comme son corps, les jambes de même ; c'est ce qui me fit juger que ces enfants avaient été comprimés dans la matrice. Mais ce qui m'a le plus surpris, c'est qu'ils se sont trouvés de différentes grosseurs et longueurs.

Le dernier pouvait avoir sept à huit pouces de long ; celui d'entre deux et le plus altéré, un pied, et le premier, qui est né vivant, était de la grandeur ordinaire qu'un enfant à terme peut avoir. Ce premier enfant, né vivant, ne fut pas sorti du ventre de sa mère qu'il vida ses excréments, que nous avons déjà appelés *méconium*. Toutes ces remarques faites, je travaillai à tirer l'arrière-faix de ces deux enfants morts sans baptême, que je trouvai adhérant en la partie postérieure de la matrice, comme j'ai déjà dit ci-dessus. Les deux nombrils ou ombilics se trouvaient tous deux attachés à un seul arrière-faix, que je séparai en commençant à cette languette qui m'avait paru fort dure ; aussi se trouva-t-il fort attaché et desséché, le séparant doucement d'avec le corps de la matrice, ni plus ni moins que qui voudrait séparer la pulpe d'une orange d'avec son écorce ; ce qui ne se fait pas sans peine, ni sans faire de douleurs à la malade. Mais quand on y travaille avec douceur il n'en arrive jamais de mal, et on remarquera que les femmes les plus difficiles à délivrer sont celles qui se portent le mieux dans leurs couches, et il ne leur arrivera pas sitôt accident qu'à une qui accouchera et se délivrera presque sans personne. C'est ce que j'ai remarqué en plusieurs et j'en ai vu plus mourir de celles qui accouchent facilement, que de celles qu'on a beaucoup de peine à délivrer, particulièrement lorsque l'opération s'en fait par un habile chirurgien ou sage-femme bien experte. Mais à l'égard de la cause de leur mort, j'en laisse le jugement à MM. les médecins, comme d'où vient que, cette année 1683, il y a beaucoup de femmes qui ont accouché de deux et trois enfants d'une même portée,

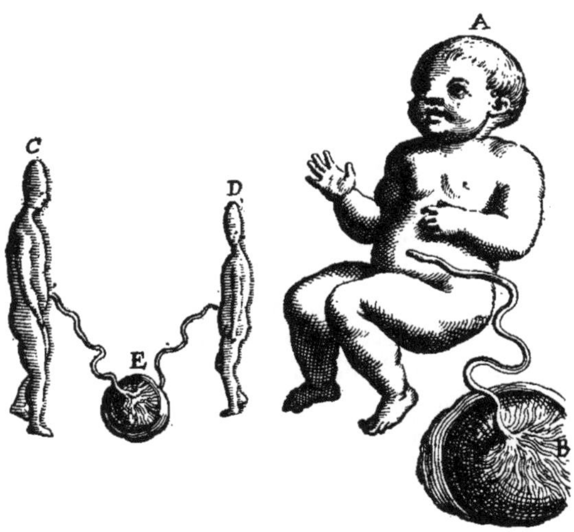

Figure de trois enfants d'une même portée, dont l'un est né vivant et à terme, et les deux autres morts et desséchés.

A. Représente une fille vivante. — B. Son arrière-faix. — C. Représente un enfant mort. — D. L'autre enfant aussi mort. — E. L'arrière-faix de ces deux enfants.

parce qu'il y a longtemps qu'on n'en a pas vu en si grande quantité.

J'en ai accouché plusieurs de cette nature, et le dernier est celui qui m'a obligé de mettre cette observation au jour et de dire à mon lecteur que je suis surpris qu'une femme accouche de trois enfants, dont l'un est vivant et qui se porte bien, ayant un bel arrière-faix et à terme, et les deux autres enfants morts, de différentes grandeurs, les deux ayant un même arrière-faix avec deux ombilics. Le plus petit enfant n'était pas si corrompu que le plus grand des deux. Je sais bien qu'on me dira que c'est la superfœtation : cela me passe, et je crois que les plus savants s'y trouveront embarrassés avec moi et, de peur d'entrer trop avant dans cette matière, j'en laisse le jugement à MM. les médecins, qui sont plus capables que moi. La chose mérite bien que ceux qui liront cette observation y fassent un peu de réflexion. C'est pourquoi j'ai fait graver la figure de ces trois enfants, en la manière qu'on la voit ici représentée.

Mais revenons à notre observation. Cet arrière-faix de deux enfants était tout racorni et fort dur ; je remarquai que l'ombilic du dernier et du plus petit enfant était contenu sur l'extrémité de ce *placenta*, à l'opposite où était celui du second enfant mort, sans y avoir aucune apparence de membranes.

Je l'examinai, et ne trouvant aucune marque qu'il y en eût eu, je me vis obligé d'introduire ma main dans le fond de la matrice pour la nettoyer de ces membranes. Il y en était resté quelques-unes, que je tirai, mais fort altérées et corrompues, avec beaucoup de caillots de sang. Cela étant fait, je bouchai la malade et je fis accommoder l'enfant et la mère en la manière que j'ai dite ailleurs.

Mais la chose me paraissant assez délicate, belle et de conséquence, vu les accidents qui arrivent bien souvent aux femmes en couche après leurs enfantements, je priai MM. Le Vasseur et Auzon, médecins de la Faculté de Paris, et très savants, de vouloir bien se donner la peine de se transporter sur les lieux afin d'examiner toutes choses, ce qu'ils firent bien exactement, et en habiles gens, remarquant les choses en l'état que je les ai rapportées ci-dessus.

MM. les médecins jugèrent à propos qu'on donnât à l'accouchée une once de sirop de capillaire et une once d'huile d'amandes douces, parce que dès qu'elle avait été accouchée, je lui avais fait prendre le jus de trois oranges aigres avec deux onces de sirop de capillaire.

La malade passa bien le reste de la journée et la nuit suivante sans aucune incommodité, n'ayant point de tranchées parce que c'était un premier enfantement. Ses vidanges s'écoulèrent fort bien, n'ayant eu qu'une petite moiteur, en matière de petite sueur, sans fièvre ni douleur de tête, ni à d'autres parties.

J'y appliquai pourtant un emplâtre sur la région de la matrice, qui
lui fit du bien et qui aida fort à la sortie des vidanges, qui est l'emplâtre dont on se servit autrefois à notre bonne Reine et qui lui fut présenté par Mme Fouquet, dont voici la composition :

Prenez de céruse huit onces, *minium* une livre, savon de Gênes
dix onces, huile d'olives deux livres.

Cet emplâtre est propre à mettre sur le ventre d'une femme grosse,
huit jours avant que d'accoucher et huit jours après être accouchée,
de la grandeur de la paume de la main, sur l'ombilic, faisant garder
le lit à la femme, surtout quand la matrice est relâchée, y laissant
l'emplâtre tant qu'il sera bon, le séchant avec un linge de fois à
autre. Cet emplâtre a aussi beaucoup d'autres propriétés qui ne sont
pas de mon sujet. Il m'a été donné autrefois par M. De Beleval, chan-
celier de la Faculté de Montpellier, et par M. Pequet ; M. Jansson
en distribue beaucoup. Il aide merveilleusement à provoquer les
vidanges aux femmes accouchées, comme il fit en celle-ci qui se porta
très bien. Cet emplâtre y ayant été appliqué le samedi, elle commença
à vider des sérosités blanchâtres, qui pouvaient provenir du sang qui
était corrompu dans la matrice, parce que ce ne pouvait pas être
encore le lait, qui ne vient pour l'ordinaire que du deux au six, et ce
qui sortait n'était que des sérosités. Je lui fis prendre un lavement
d'une décoction ordinaire, avec trois onces de miel de nénuphar, que
je lui fis continuer tous les jours jusqu'au neuf de sa couche, et elle
se porta si bien qu'elle n'eut pas la moindre fièvre et releva en santé
grosse et grasse, n'ayant pas amaigri dans sa couche.

GROSSESSE EXTRA-UTÉRINE

OBS. 24. — *Secondipare. Grossesse tubaire. Kyste fœtal rompu
à quatre mois.*

Consulté, Portal note « que la matrice était ouverte comme
si elle n'avait pas conçu » ; conclut de pertes de sang fréquentes,
à la non-cessation des règles, et rejette la grossesse, sans songer
à la possibilité d'une grossesse ectopique.

Accidents péritonitiques, douleurs abdominales et lombaires,
rupture du kyste dans l'abdomen ; grossesse tubaire reconnue à
l'autopsie.

Intéressante, cette observation nous montre que Portal n'était
pas opposé aux doctrines de de Graaf, et admettait l'existence
de la grossesse extra-utérine : « Elle devint bientôt après grosse
d'un enfant, qu'elle conçut dans le tuba ou corne de la matrice,
où l'enfant prit son accroissement jusqu'à l'âge de 4 mois. »
Mauriceau en niait la possibilité, bien qu'il eût eu l'occasion
d'en observer un exemple (L. I, ch. V) : il prétendit qu'elle
s'était produite par suite d'une rupture utérine. Dionis, peu après,
discuta ce cas, et fit une bonne relation d'un autre qu'il avait lui-
même constaté, et dont il a laissé une planche gravée très nette.

OBS. 24. — *De l'accouchement d'un enfant qui présentait l'ombilic.*

Un samedi 16e jour de juin 1668, je fus appelé dans la rue de la
Tacherie pour voir une garde d'accouchées. Je la trouvai extrême-

ment malade et elle me dit qu'elle sentait des douleurs dans tout le bas-ventre.

Je portai mon doigt *index* dans les parties et je sentis que l'ombilic de l'enfant se présentait, que les membranes des eaux étaient percées et les eaux écoulées.

Je glissai ma main dans l'orifice interne de la matrice, vers les extrémités inférieures de l'enfant, jusqu'à ce que j'eusse atteint un pied, et, l'ayant trouvé, je fis en sorte que les doigts du pied fussent tournés vers l'anus de la malade et les talons vers la vessie, comme j'ai déjà dit.

J'ondoyai l'enfant, et ayant enveloppé sa jambe avec un linge je le tirai si heureusement que la mère se porta bien dans tout le cours de sa couche ; mais elle devint bientôt grosse d'un enfant qu'elle conçut dans le *tuba* ou corne de la matrice, où l'enfant prit son accroissement jusqu'à l'âge d'environ quatre mois.

Elle m'envoya quérir dans ce temps-là, sentant quelque chose d'extraordinaire dans sa grossesse. Je l'examinai et je reconnus, au bout de mon doigt, que la matrice était ouverte comme si elle n'avait pas conçu, ce qui n'est pas toutefois une conséquence nécessaire, parce que j'ai vu plusieurs femmes grosses en cet état, et entre autres une dame, qui depuis le quatrième mois que je l'observai jusqu'au neuvième avait la matrice ouverte, de telle sorte que je pouvais y porter le bout de mon doigt ; mais elle était épaisse à l'orifice interne, ce qui semble contrarier la dixième observation, où j'ai dit que la matrice est dans ce temps-là extrêmement close et, lorsque son travail commença, nous observâmes la même chose. Il faut toutefois remarquer que l'orifice n'était pas si dur que celui de notre malade, à laquelle je demandai si elle n'avait pas ses ordinaires. Elle me répondit qu'elle les avait régulièrement tous les mois. Cela me fit juger qu'elle n'était pas grosse d'enfant. Elle avait vu d'autres chirurgiens et des sages-femmes qui avaient dit la même chose que moi.

La fièvre lui étant survenue, elle me pria de la voir et de la traiter, parce qu'elle n'avait pas le moyen d'avoir un médecin. Je la saignai donc à cause d'une grande douleur qu'elle sentait aux lombes, laquelle était si sensible que la malade croyait en mourir à tout moment.

J'envoyai prier M. Bonnet, vicaire de Saint-Médéric, de la venir consoler et il s'y rendit en bonne diligence. C'est un bon ecclésias-tique, qui a les pauvres en grande vénération. Il la confessa sur les onze heures du soir, lui administra les sacrements, ce qu'il fit fort à propos parce qu'elle mourut peu après. Dès le matin, la fille de cette pauvre femme vint me prier d'aller ouvrir sa mère pour reconnaître la cause de sa mort; mais, n'ayant pu m'y transporter, un autre chirurgien l'ouvrit quatre heures après sa mort, ce que je n'aurais pas souffert si j'y avais été présent : ce chirurgien trouva un enfant de quatre mois ou environ dans le bas-ventre, qui était sorti du *tuba uteri*.

MOLE

On désignait autrefois du nom de môle toute masse qui, s'étant développée dans la cavité utérine, en était expulsée à un moment donné, que ce fussent des débris placentaires retenus après un avortement, des fibro-myômes, ou des polypes, etc. La môle vraie, le myxome du placenta, figure doublement dans les Observations de Portal qui lui a consacré une description et une gravure, l'une et l'autre remarquables.

M. Corbeau, mon confrère et très habile chirurgien, me fit appeler dans ce temps-là à la rue des Lavandiers pour voir une femme qui se disait être grosse d'environ deux ou trois mois. Il me fit observer que cette femme avait vidé trois à quatre livres d'une matière qui ressemblait au frai de grenouilles, en forme de grappes de groseillier blanc. Depuis ce temps-là, j'ai secouru une demoiselle venue de Londres, qui avait été gouvernée en cette ville-là très sagement, et avec toute la prudence qu'un habile homme, tel qu'est M. De Niaumen, très habile docteur en médecine, et dans l'art des accouchements, suivant que la malade me l'a dit, m'ayant assuré qu'il est dans une très grande réputation, non seulement dans la ville de Londres, mais dans toute l'Europe. Ce qui me l'a encore plus confirmé, c'est qu'il lui avait toujours assuré qu'elle n'était point grosse d'enfant ; aussi ne l'était-elle pas.

Étant arrivée en cette ville et logeant rue Maubuée, elle fut surprise par une perte de sang très considérable, et, m'ayant fait appeler, je la touchai. Je sentis l'orifice de la matrice ouvert. Je lui demandai ce qu'elle avait fait. « Rien », me dit-elle, sinon que M. De Mersenne (l'un de nos anciens docteurs de la Faculté et fort savant) l'avait fait saigner du bras et qu'ensuite elle avait senti de cruelles douleurs, qui l'avaient obligée de me faire appeler. J'y trouvai une sage-femme qui avait fait ce qu'elle avait pu. Alors je graissai mon doigt avec de l'huile d'amandes douces, et je l'introduisis dans la matrice, où je sentis au bout de

Figure qui représente une mauvaise conception en forme de grappes de groseillier, approchant fort du frai de grenouilles.

A. Un corps charnu comme substance du placenta. — B. Plusieurs petites vésicules, ressemblant à une grappe de groseillier, pleines d'eau fort claire. — C. Une autre portion de même nature, séparée de son tout. — D. Autre portion séparée de sa masse.

ce doigt, l'orifice interne fort irrité, soit par l'attouchement qu'on lui avait fait avec le doigt, ou par l'acrimonie du sang, ou par le lavement que la sage-femme lui avait donné, qui était extrêmement violent : ce que l'on ne doit pas faire, parce que ces lavements peuvent causer de grands accidents. Je glissai mon doigt plus avant, où je sentis un corps fort mollasse, ce qui me fit croire que ce pouvait être un arrière-faix qui était adhérent à la bouche de la matrice, que je séparai avec l'extrémité de mon doigt, sans irriter l'orifice. Je séparai une partie de ce corps mollasse, dont la figure est ci-dessous.

Avec mon doigt, j'en tirai de la grosseur d'une noix ; mais les douleurs redoublant, je tirai de ce corps étrange une grande portion toute pleine de fibres, et d'une nature ressemblant à une grappe de fruit de groseillier blanc, c'est-à-dire une quantité considérable de larmes blanches, comme des cristaux ou petites vessies pleines d'eau claire. Je tirai de cette matière tantôt charnue et tantôt fibreuse, comme si c'était du frai de grenouilles, dont je tirai avec mes doigts la quantité de plus de deux livres et lorsque je tirais ces matières, je tenais ma main gauche à plat sur le ventre, afin de faire abaisser le corps de la matrice qui était de la grosseur d'un pain de deux à trois livres.

Après avoir tiré ces matières, je laissai la malade en repos, et je pus garder cette matière pour la faire voir au médecin et j'en emportai chez moi, que je fis voir aussi à M. Auzon, docteur de la Faculté, qui admira les effets de la nature. Cette matière revenait en eau.

Cette demoiselle s'est depuis bien portée jusqu'au terme. Après le mois de sa couche, elle eut une perte de sang qui ne dura pas et, encore un mois après, la même perte de sang la reprit, et s'étant mise au lit le sang s'arrêta, ce qui nous fit juger que c'étaient ses ordinaires. Elle est présentement en parfaite santé.

Cette demoiselle aime fort à manger des aliments de haut goût et je l'ai priée de vivre autrement, si elle voulait se bien porter.

MALFORMATIONS FŒTALES

L'observation 3o a trait à un enfant « ni mâle ni femelle »,
dépourvu d'organes génitaux internes et externes et d'anus, et
chez lequel il y avait un abouchement anormal du rectum dans
la vessie.

Obs. 3o. — *De l'accouchement d'un enfant d'une figure extraordinaire, et qui n'était ni mâle ni femelle.*

La nuit du 2ᵉ jour d'août 1671, je fus appelé pour l'accouchement d'une femme, qui demeure dans la rue de la Mortellerie,
laquelle était en travail fâcheux, dont la sage-femme ne pouvait venir
à bout, quoique très habile. Elle m'avait demandé pour lui donner le
secours nécessaire en cette occasion. Je touchai cette femme et je
trouvai que la tête de l'enfant était sortie, et que l'enfant était mort.
J'appris qu'on lui avait donné l'eau du baptême lorsqu'il avait encore
des marques de vie et je m'efforçai de sauver la mère, voyant qu'il
n'y avait plus rien à ménager à l'égard de l'enfant.

J'introduisis mes doigts, les glissant doucement le plus avant que
je pus, afin de tirer le corps de l'enfant ; mais je fus surpris que la
tête quitta le corps et qu'un bras se sépara en deux, et je fus obligé de
porter doucement la main pour attirer le reste du corps ; mais il me
parut au tact une espèce de vessie, comme celle d'un porc lorsqu'elle
est pleine d'eau ; ce qui m'obligea de me servir d'un crochet aigu,
que j'introduisis pour donner issue à cette eau, après avoir tenté
inutilement avec le doigt de lui faire passage. D'abord que ce crochet
eut fait son trou, il sortit environ quatre à cinq pintes d'eau du corps
de l'enfant, car celles de la matrice s'étaient écoulées auparavant ; et

ensuite j'eus plus de facilité (quoique avec beaucoup de peine) de tirer la tête de l'enfant, qui était d'une figure si extraordinaire, que j'ai bien voulu la faire dessiner, avant que d'en faire l'ouverture.

Il y avait dans l'hypogastre de l'enfant une tumeur qui était considérable, elle était longue de six pouces et demi et cette longueur se mesurait d'un côté du *fœtus* à l'autre, suivant la région des os des iles. Sa largeur, qui prenait depuis l'os *pubis* jusqu'au nombril, était de quatre pouces et trois lignes.

Cette tumeur était plus éminente par le milieu que partout ailleurs, et en la partie qui descendait de cette éminence vers l'os *pubis*, il paraissait un petit tubercule rond en sa base, dont le diamètre était d'une ligne et demie et qui s'élevait en forme de verrue, de la hauteur d'une ligne, de laquelle en la pressant il sortit une goutte d'eau, ce qui fit juger d'abord que la nature avait eu dessein de faire un enfant mâle. Le cordon, qui était encore attaché au ventre de l'enfant, avait à l'endroit du nombril dix lignes de diamètre. L'arrière-faix n'avait rien d'extraordinaire et était sorti si entier que la mère de l'enfant, nonobstant le rude travail qu'elle avait souffert, ne fut presque point malade et ne souffrit pas plus de douleur qu'elle en avait souffert en ses accouchements précédents, quoiqu'ils eussent été plus heureux. Voilà l'histoire de cet accouchement.

Nous commençâmes ensuite notre dissection par une incision cruciale, que nous fîmes au ventre inférieur.

Nous ouvrîmes les téguments depuis le nombril, suivant le chemin de la ligne blanche jusqu'à l'os *pubis* et de là nous passâmes outre vers le lieu où devait être l'*anus*, afin de voir s'il serait seulement couvert de la peau qu'on est quelquefois obligé d'ouvrir aux enfants qui naissent, pour donner issue aux excréments.

Ces téguments étaient ouverts et l'*anus* ne se trouvant point en aucune part, non plus que l'urèthre, ni les parties externes de la génération que nous cherchions en même temps, nous allâmes plus avant et coupâmes transversalement les muscles droits pour découvrir le péritoine et chercher par ce moyen encore plus exactement les parties externes de la génération du sexe; mais, après une perquisition exacte, nous ne trouvâmes ni *anus*, ni conduit de l'urine, ni verge, ni marque de matrice, ni aucune de ces parties qui servent à jeter les excréments dehors, soit ceux qui descendent des intestins, soit ceux qui sortent de la vessie.

Avant que d'aller plus avant, nous fîmes nos réflexions sur la couleur des muscles de l'*abdomen*, qui paraissaient avoir été tellement lavés et abreuvés de l'eau qui avait formé en cet enfant l'hydropisie qu'ils semblaient plutôt membraneux que charnus, la couleur de leurs chairs étant effacée par l'abondance des eaux qui les avaient lavées.

Nous recherchâmes curieusement au-dessous des téguments et des muscles droits l'endroit qui répondait au petit tubercule, qui paraissait au bas de l'hypogastre, pour voir si ce n'était point le membre viril; mais nous ne trouvâmes rien sous ce tubercule qui pût nous le persuader, n'y ayant ni vaisseaux spermatiques, ni testicules, ni matrice, ni conduit de l'urine, ni rien de tout ce qui peut faire le discernement du sexe et nous crûmes aisément que cet enfant, qui n'avait pu vider ses eaux par l'urèthre dans la matrice de sa mère, en était devenu hydropique, ce qui nous donna lieu de conjecturer que les eaux de l'enfant faisaient partie de celles que la femme vide au temps de l'accouchement.

Je suis d'autant plus confirmé dans cette conjecture que j'ai vu en accouchant une femme dont l'enfant venait les pieds devant, lorsque le ventre fut au passage, cet enfant uriner par la verge avec impétuosité, encore que vraisemblablement il ne respirait pas.

Après avoir exactement dessiné tout ce qui était au dehors du péritoine, nous en fîmes l'ouverture pour découvrir toutes les parties qui étaient contenues au-dedans du bas-ventre.

Le péritoine étant ouvert, la partie tuméfiée qui nous avait paru avant la dissection se manifesta d'elle-même : c'était la vessie, laquelle était pleine extraordinairement. Nous l'aurions ouverte sur-le-champ; mais ayant vu que le *rectum*, au lieu d'aller jusqu'à l'endroit où devait être l'*anus*, aboutissait au fond de la vessie où il était attaché, cela nous obligea de considérer avec attention cette attache.

Le *rectum* était noir à cause du *méconium*, dont les intestins des enfants sont remplis quand ils naissent. Ce *méconium* est une substance excrémenteuse, noirâtre, qui s'amasse dans les intestins du *fœtus* pendant la grossesse et qui ne se vide qu'après l'accouchement, et souvent nous sommes obligés de donner aux enfants, quand ils sont

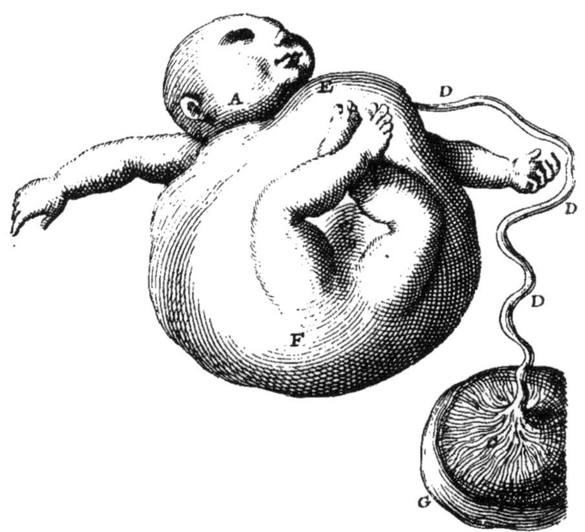

A. L'enfant, étant rejoint avec sa tête et son bras, est vu comme il était couché sur le dos, les pieds remontant en croix sur la tumeur qui était dans le bas-ventre; ils y étaient tellement aplatis qu'ils y semblaient collés. — B. Une petite éminence en forme de verrue, qui était à l'endroit à peu près où devait être le conduit de l'urine. — C. Le *placenta* ou arrière-faix, avec les membranes qui enveloppaient l'enfant quand il était dans le ventre de la mère. — D. D. D. Le cordon qui va de l'ombilic au *placenta*. — E. L'éminence de la tumeur, comme elle paraissait en l'enfant étant couché sur le dos. — F. Les fesses de l'enfant, entre lesquelles il n'y avait point d'*anus* ou fondement, qui est le trou destiné pour la sortie des excréments. — G. Les membranes appelées *amnios* et *chorium* ou enveloppes.

nés, de l'huile d'amandes douces, ou de la casse mondée, ou quelque sirop. pour faciliter la sortie de cet excrément, afin que le lait de la nourrice ne trouve pas d'obstacle dans les intestins de l'enfant pour lui donner sa nourriture.

Ensuite nous ouvrîmes la vessie, qui répandit environ une chopine ou trois demi-setiers d'eau claire et sans aucun mélange de noirceur du *méconium*, quoiqu'après cette ouverture et cet épanchement d'urine il nous ait paru, en pressant le *rectum*, et poussant le *méconium* vers la vessie qu'il était entré une goutte dans le fond de cette vessie,

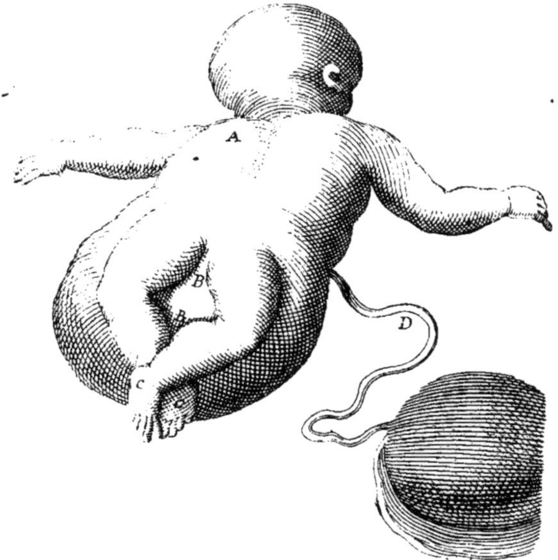

A. A. L'enfant, couché sur le ventre, est vu par le dos. — B. B. Cette petite éminence en forme de verrue. — C. C. Les pieds joints ensemble comme en la première figure, mais vus par la partie postérieure. — D. D. Le cordon.

ce qui nous donna occasion d'ouvrir le *rectum*, environ un pouce au-dessus de la vessie et d'y introduire un stylet à bouton arrondi par le bout, lequel entra sans violence dans la vessie par le même trou par lequel le *méconium* y était entré en pressant l'intestin.

La vessie ayant été ouverte et l'eau qu'elle contenait étant épanchée, elle se resserra très peu, ce qui nous obligea de la considérer en sa substance. Elle était très dure et presque calleuse, épaisse de plus d'une ligne et demie, plus blanche qu'elle n'est ordinairement,

A. A. A. L'enfant situé sur le dos, les pieds étant allongés et la tumeur cachant une partie des jambes, laisse voir l'ombilic qui avait à la naissance du cordon dix-huit lignes de diamètre. — B. B. B. Le cordon qui sortait de l'ombilic. — C. C. C. L'ouverture et le déchirement qui avait été fait par le crochet, par lequel les eaux qui formaient dans cet enfant une hydropisie s'étaient écoulées. — D. D. D. Les pieds étendus suivant la situation qu'ils ont d'ordinaire aux enfants nouveau-nés, lesquels étaient plats outre mesure, sans pourtant de difformité apparente. — E. E. E. La tumeur étendue vers les pieds. — F. F. F. Les membranes de l'arrière-faix, appelées le *chorium* et l'*amnios*, dans lesquelles sont contenus l'enfant et les eaux.

ce que nous attribuâmes à l'hydropisie, laquelle vraisemblablement s'était communiquée par l'ouraque à tout le reste de l'habitude du corps, d'où le crochet fit sortir une si grande quantité d'eau que les chairs des parties internes des ventres moyen et inférieur étaient beaucoup plus rouges que les chairs de l'habitude. La tête, quoique arrachée, était fort livide et remplie de sang. Nous remarquâmes, à un endroit de la partie interne de la vessie, qu'il y avait de petites pierrettes faites comme des grains de sable, qui étaient tellement enfoncées dans le corps de cette vessie qu'il était difficile de les détacher ; elles étaient en la partie latérale du côté droit, vers le fond de la vessie, et occupaient l'espace de quatre lignes en longueur et d'une ligne et demie en largeur.

Les reins paraissaient être un amas de glandes ou de chairs glanduleuses jointes et conglomérées ensemble sous une même enveloppe, comme sont ordinairement ceux des jeunes animaux, ce qui nous fit conjecturer que chacune de ces glandes pouvait produire ces mamelons par où l'urine se distille dans le bassinet du rein.

Il n'y avait rien de remarquable au foie, qui avait sa consistance et sa couleur naturelles, ce qui nous donna lieu de conjecturer que l'hydropisie était venue parce que les eaux n'ayant point d'issue, faute d'urèthre, c'est-à-dire du canal ordinaire de l'urine, avaient été obligées de refluer par l'ouraque dans l'habitude.

On dit vulgairement que les eaux sont percées lorsqu'elles sortent de la matrice ; mais c'est parler improprement, car ce sont les enveloppes qui sont percées et les eaux qui s'écoulent.

Nous découvrîmes les uretères qui aboutissaient à la vessie ; nous les conduisîmes jusqu'aux reins et nous n'y trouvâmes rien d'extraordinaire.

Nous cherchâmes les vaisseaux spermatiques, voyant qu'il n'y avait aucune apparence de la génération, et nous n'en trouvâmes aucun rameau ; ni de la veine, ni de l'artère, qui allait dans les parties de la génération.

L'estomac était à l'ordinaire.

L'*épiploon* était rangé contre l'estomac.

La rate, qui était au côté gauche, était fort pâle. Nous ouvrîmes le *thorax*, nous découvrîmes le cœur et le développâmes de son péricarde. Il était d'une substance plus rouge, de beaucoup, que n'étaient les chairs des muscles du bas-ventre.

Les poumons avaient aussi une couleur qui ne marquait pas qu'ils eussent été lavés, ni qu'il y eût eu une hydropisie dans la poitrine; le reste n'avait rien de remarquable qui méritât une plus grande recherche.

L'enfant, suivant la relation qui nous a été faite par sa mère, n'était que dans son septième mois.

La mère, depuis ce temps-là, s'est toujours, après son accouchement, fort bien portée. Je priai M. Piquet, qui avait été présent à la dissection que j'avais faite du *fœtus*, d'aller voir la mère. Nous la retrouvâmes en fort bonne santé, n'ayant qu'un peu les jambes enflées, en suite d'une hydropisie qu'elle avait eue trois semaines avant son accouchement.

Elle se porte encore à présent parfaitement bien.

L'observation 32 a trait à un enfant monstrueux qui présentait la face; hydramnios.

Obs. 32. — *De l'accouchement d'un enfant monstrueux qui présentait la face.*

Un mercredi 25e jour du mois d'août 1671, je fus appelé entre dix à onze heures du soir, pour accoucher une femme rue de la Tannerie, paroisse Saint-Jean, où étant je touchai la femme, et je sentis au bout de mes doigts deux petites tumeurs ou éminences, qui étaient les yeux de l'enfant. Je les touchai le moins qu'il me fut possible, prévoyant le danger qu'il y avait; mais tournant mes doigts doucement de côté et d'autre, je sentis deux éminences que j'examinai fort exactement.

Elles étaient aux parties postérieures de la tête de l'enfant et opposées aux deux premières éminences dont j'ai parlé.

La tête était fort aplatie, comme si on eût scié le crâne parce qu'il n'y avait ni pariétaux, ni coronal, ni aucune marque des os pétreux. Je me mis en état de le tirer, mais je trouvai une distance assez extraordinaire.

Je ne remarquai aucun signe de vie à l'enfant, ce qui m'obligea, lorsque je vis que je ne pouvais pas le prendre, de glisser à la faveur de ma main un lacs dessus le menton, afin d'avoir plus de facilité pour le tirer hors de la matrice.

Cette tête n'avait pas plus de circonférence qu'une grosse balle de jeu de paume, mais la face était fort belle en toutes ses parties et rondelette. Faisant mes efforts pour la tirer à moi, le lacs, quoique très fort, se rompit, dont je demeurai surpris ; toutefois, comme l'enfant avait été beaucoup ébranlé, je le tirai dehors en peu de temps.

Sa tête était si difforme que je la montrai comme une chose surprenante à la sage-femme et à plusieurs autres personnes.

A l'endroit où devait être la partie supérieure de la tête, il n'y avait qu'une place toute noire sans aucune figure, ni marque de crâne. Aux parties latérales, il y avait deux oreilles, de même que les singes en ont, à la réserve seulement qu'elles n'étaient pas droites, mais couchées comme celles d'un petit chien. Ces deux oreilles étaient environnées d'un poil roussâtre comme celui d'un bœuf, et ce poil était de la longueur de deux travers de doigt. Aux parties postérieures des oreilles, il y avait deux éminences ou apophyses, une de chaque côté, comme sont les deux corniches d'un veau, n'y ayant aucune forme de tête qu'en la partie antérieure, où etait le visage, très beau, sinon que les yeux étaient fort difformes.

Cet enfant pouvait avoir environ sept mois ; c'était une fille.

Au reste, la mère vida une si grande quantité d'eau, lors de l'ouverture des membranes qui enveloppaient l'enfant, que son lit en était tout perdu et toute la chambre baignée.

Je remarquai qu'à la sortie de l'arrière-faix il s'en écoula encore plus de deux pintes, qui avaient été retenues par les membranes, avec une si grande quantité de grumeaux de sang que je n'ai rien vu de semblable depuis longtemps.

L'observation 40 relate un cas d'adhérences amniotiques. Connexion curieuse du placenta avec une moitié de la tête.

Obs. 40. — *De l'accouchement d'un enfant monstrueux.*

Un vendredi 21ᵉ jour du mois de novembre 1671, une sage-femme m'ayant fait appeler pour la secourir dans un travail fâcheux, dans la rue du Chesne, où étant arrivé je touchai la malade et je sentis que

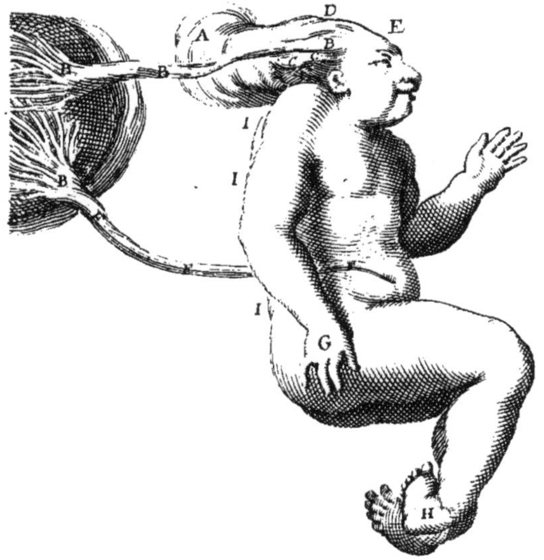

A. Une espèce de capuchon. — B. Les membranes *chorium* et *amnios*, membranes de l'arrière-faix qui enveloppent l'enfant dans la matrice et qui contiennent les eaux de l'enfant. — C.C. Une éminence en forme de corniche. — D. Le cuir chevelu. — E. Le front. — F. L'ombilic. — G. Le doigt annulaire. — H. Les pieds. — I. La partie postérieure.

l'enfant présentait la nuque du col. Alors je graissai mes doigts de la main droite, que j'introduisis doucement dans les parties de la malade et je tournai l'enfant que je tirai par les pieds, comme j'ai dit ailleurs. L'ayant tiré, et délivré la malade, je considérai la forme de cet enfant que je trouvai mort, sans avoir reçu le baptême, dont voici la figure :

Il avait une espèce de capuchon en la partie postérieure de la tête, de la longueur de quatre travers de doigt, plus rond que pointu (de même nature que les enfants ont le cuir chevelu) en son extrémité.

Les membranes, *chorium* et *amnios*, étaient attachées latéralement à la tête, de la largeur d'environ six lignes postérieurement au muscle

K. Les membranes de l'arrière-faix. — L. L'arrière-faix. — M. L'ombilic. — N. Le doigt annulaire. — O. Le nez. — P. Le bec-de-lièvre. — Q. Les oreilles. — La partie antérieure de l'enfant. — V. Le bras raccourci.

crotaphite de la tête de cet enfant. Du côté droit, ces membranes étaient continues à l'arrière-faix dans sa circonférence.

Au-dessus de cette tête, il y avait du même côté une éminence d'os, en forme de corniche, derrière les oreilles, en longueur de six à sept lignes.

De l'autre côté, il y avait une autre éminence plus élevée et l'entre-deux de ces éminences était garni d'une chair musculeuse, sans aucune apparence de cerveau.

Ses oreilles étaient fort grandes, pour un enfant de l'âge de sept mois.

Son cuir chevelu était couvert d'un poil fort délié et fort épais.

Le front était petit, en forme d'un glacis, au bas duquel ses yeux étaient fermés et d'une figure assez difforme.

Au-dessus l'on voyait le nez fort plat, au-dessous duquel se trouvait la lèvre supérieure ouverte et fendue jusqu'au nez, en forme d'un véritable bec-de-lièvre.

Le nez faisait la séparation des deux côtés du bec-de-lièvre, qui faisait paraître la face monstrueuse et toute contrefaite, ayant néanmoins le menton fort bien fait, et sans aucune difformité.

Le bras droit était fort bien conditionné, n'ayant aucune difformité que le doigt annulaire qui lui manquait.

Le bras gauche était estropié, ne se pouvant point allonger, à cause qu'il se trouvait raccourci et qu'il ne se pouvait point étendre.

Le nombril était comme aux autres enfants, quoiqu'il y eût de l'adhérence des membranes de l'arrière-faix avec la tête.

Les deux cuisses étaient très bien figurées; les deux pieds estropiés, ayant les doigts en derrière, tout contrefaits et bien difformes.

L'on voit souvent des choses surprenantes dans les accouchements et on peut dire que la nature se joue dans la génération.

Nous n'ajouterons qu'un mot à cette dernière observation : Dareste eût-il pu en souhaiter une plus concluante. à l'appui de sa théorie qui fait des adhérences amniotiques la cause des monstruosités fœtales ?

L'observation 58 concerne un enfant qui était atteint d'une dépression du pariétal gauche, causée par une violence pendant la grossesse.

Obs. 58. — *De l'accouchement d'un enfant qui présentait les pieds, dont les talons étaient tournés vers l'anus de la mère.*

Un dimanche, 3e jour du mois de décembre 1673, je fus appelé pour accoucher la femme d'un rôtisseur, qui demeurait en la Vallée-de-Misère. L'enfant présentait les pieds, dont les talons étaient tournés vers l'*anus* de la mère et les orteils vers le *pubis*. Ne pouvant le tourner autrement, je le tirai en la manière qu'il pouvait venir, c'est-à-dire la face regardant le *pubis* de la mère, auquel le menton s'accrocha.

Je glissai mes doigts dans la bouche de cet enfant, et l'ayant dégagé, je le tirai. Considérant ensuite la tête, je trouvai que le pariétal gauche était enfoncé naturellement.

J'ai observé la même chose à l'égard de l'enfant d'une demoiselle que j'accouchai dans la rue Jeoffroy-l'Angevin le 16e jour d'octobre de la même année. Il avait au pariétal gauche une cavité en forme d'enfonçure, en longueur de deux travers de doigt et de la profondeur de deux lignes. Cette enfonçure me parut naturelle quoiqu'elle fût contre nature. J'observai aussi une marque noire sur la lèvre, en manière de contusion, ce qui m'obligea de demander à la malade si elle n'avait point reçu quelque coup dans le ventre. Elle me dit qu'elle était tombée sur une barre de fer. Cet enfant ne vécut qu'une demi-heure : celui-ci était de même. Pour avoir une plus ample connaissance d'où cela pouvait venir, j'y amenai M. Pequet, médecin fort curieux.

Je le priai de voir cet enfant ; mais nous ne pûmes découvrir autre chose, sinon que la malade s'était blessée au sixième mois de sa grossesse, s'étant heurtée contre un de ces clous qui servent à fermer les barres des fenêtres et où l'on attache les crochets, sans pouvoir reconnaître autre chose.

Cet enfant eut le même sort que le premier, mais leurs mères se sont bien portées.

ÉCLAMPSIE

Nous en avons relevé trois cas : obs. 17, 33, 45. Nous en repro
duisons deux, qui montrent que Portal ne savait pas interpréter la cause des convulsions, et quelle conduite il tenait dans
cette circonstance :

.Obs. 17. — *De l'accouchement d'une femme sans connaissance
et en d'étranges convulsions.*

Le 2ᵉ jour de décembre 1666, je fus appelé, sur les neuf heures du
matin, à la place des Veaux, à l'enseigne de la Montjoye, par une
ancienne sage-femme qui se trouvait fort empêchée à l'accouchement
de la femme d'un officier de Son Altesse Madame.

Je trouvai la malade sans connaissance, avec de cruelles convulsions,
et je sentis que l'enfant et les membranes des eaux se présentaient au
couronnement. Et comme c'était un premier enfant et que ses membranes étaient percées et les eaux écoulées et que, par conséquent, il
n'y avait point d'humidité pour aider à la sortie de l'enfant, l'accouchement venant à sec, et ses membranes se trouvant un peu épaisses
et collées sur la tête de l'enfant, l'empêchaient d'aider à la mère et
même n'ayant pas des forces pour se procurer lui-même sa sortie. Je
dis néanmoins à la sage-femme qu'il se fallait donner patience, et ne
rien précipiter, ni presser la malade pour l'accoucher, crainte de blesser la mère et l'enfant ; mais que mon sentiment était qu'on la saignât
et qu'on appelât un médecin, parce qu'il est de la prudence d'un
opérateur de ne jamais travailler, quand il y a du péril, sans être
appuyé de quelque sage conseil. M. Fabien Perreau y fut appelé et
il amena avec lui un chirurgien. Ils demeurèrent tous deux d'accord

qu'il n'y avait rien à faire et se retirèrent, mais je ne quittai pas la partie. J'étais accompagné de deux anciennes sages-femmes qui étaient venues pour assister la malade, l'une desquelles était l'ordinaire, et l'autre y avait été amenée par une des parentes de la malade. Je ne m'opposai à rien, prévoyant bien que ce n'était pas une petite affaire, ni une opération pour une sage-femme; mais qu'il y avait de quoi occuper plusieurs personnes; aussi les parents et les sages-femmes me prièrent bien fort de ne pas les abandonner.

Les deux sages-femmes me dirent que puisque ces Messieurs avaient abandonné la malade et l'avaient condamnée à la mort, il fallait qu'il y eût là toujours un chirurgien prêt et disposé à faire la section ou opération césarienne aussitôt que la malade serait morte.

Environ les deux heures après-midi, je fus appelé pour faire quelques saignées et je me trouvai à une consultation au Pressoir-d'Or, rue Saint-Martin, où étaient MM. Brayer et Brisset. Après la conférence, je leur fis rapport de l'état où j'avais laissé la malade, de ce qui s'y était passé et de ce qui avait été conclu par M. Perreau et le chirurgien accoucheur. M. Brayer me dit fort charitablement, ce que je puis dire à sa mémoire, que s'il n'avait pas été attendu chez plusieurs malades pour des consultations, il aurait été voir notre pauvre malade; mais il pria M. Brisset de s'en donner la peine : ce qu'il fit agréablement et comme un habile médecin. Il ne nous fut pas inutile, car son avis fut si bon qu'il sauva la vie à la malade, en nous disant: *Cette femme a encore des forces. M. Perreau et un habile chirurgien l'ont condamnée, et sont demeurés d'accord de l'opération césarienne. Il ne faut donc pas hésiter à l'accoucher.* Il nous demanda nos sentiments, aux sages-femmes et à moi : nous fûmes tous de l'avis qu'il fallait l'accoucher, ou qu'elle mourrait. Je dis qu'il y avait toutes les apparences que l'enfant était mort et qu'ainsi il n'y avait point à balancer; que c'était aussi l'avis de M. Brayer, sur ce que je lui avais rapporté, qu'en accouchant la femme on pourrait lui sauver la vie.

Nous demeurâmes donc tous d'accord que l'enfant était mort. On crut la chose si pressée qu'on ne voulut pas me permettre d'aller chez moi quérir les choses qui m'étaient nécessaires pour l'opération, car je ne me sentais pas assez fort sans l'aide de mes instruments, pour tirer l'enfant ; parce que les parties de la malade étaient si étroites qu'il m'était impossible de le tirer avec les mains, à cause qu'il venait la tête la première et cet accouchement étant d'un premier enfant, parce que c'est en ceux-là qu'il y a toujours à craindre, à cause que les lieux n'ont pas encore été dilatés.

Mais j'avais par bonheur apporté un petit instrument en forme de crochet, avec lequel je fis l'ouverture de la suture coronale, en ouvrant auparavant le cuir à l'endroit de la fontanelle de la tête et par le moyen de cette ouverture j'évacuai toute la substance du cerveau ; mais le chirurgien ne doit jamais faire cette opération qu'il ne soit assuré de la mort de l'enfant, et que l'opération n'ait été conclue par mûre consultation des médecins, et que les parents n'y aient consenti, afin de n'encourir aucun blâme de part ni d'autre, supposé qu'il y en eût, parce que si l'enfant n'était pas mort, on ferait un meurtre. Néanmoins si on voyait une femme en péril, en ce cas on pourrait tirer l'enfant, le croyant mort, quoique bien souvent on se puisse tromper, mais faisant ce qu'on peut on n'est pas obligé à l'impossible. Quoi qu'il en soit, il faut toujours sauver la mère lorsqu'on la voit en grand danger, mais non autrement. Ce qui me confirme le plus en ce qu'il ne se faut presser de faire cette opération, c'est qu'en l'année 1680 M. Auzon, très habile médecin de la Faculté de cette ville, et moi, nous fûmes appelés pour accoucher une demoiselle qui demeurait dans la rue Trousse-Vache, qui était en travail pour l'enfantement, laquelle avait de moment en moment de cruelles convulsions. L'ayant vue en cet état, M. Auzon la fit saigner du bras, après lui avoir fait évacuer le ventre par des lavements faits avec la décoction ordinaire. Dans une livre de cette décoction il avait fait dissoudre trois onces de miel mercuriel et une once de diaphinie. Ce lavement augmenta les douleurs pour l'enfantement ; mais il n'apaisa pas les convulsions, la malade en ayant dix à douze par heure.

On fit consultation, à laquelle on ajouta avec M. Auzon, M. De Mauvilain, l'un des plus fameux de la Faculté. Ils conclurent la saignée du bras réitérée et, deux heures après, la saignée du pied, laquelle ayant été faite et les douleurs de notre malade redoublant, je l'accouchai fort heureusement d'une fille vivante, et c'est ce qui fit que M. De Mau—

vilain et M. Auzon dirent qu'il fallait agir avec beaucoup de prudence dans telles occasions, comme nous fîmes en cette demoiselle, qui se porte encore fort bien.

Reprenant mon observation, je dirai que mes mains n'avaient pas encore assez de force pour tirer une tête si fort engagée et, comme je n'avais pu aller chercher mes instruments, je me trouvai dans la nécessité de me servir du crochet d'une cuillère à pot, laquelle était de fer. Je l'introduisis dans les parties de la malade, à la faveur de ma main gauche et j'accrochai l'une des orbites de l'enfant, dont la tête se trouvait aplatie par l'évacuation du cerveau,

Je le tirai dès le premier effort que je fis, de sorte que l'enfant étant dehors les convulsions cessèrent ; mais la femme demeura encore sans connaissance et dans un accablement de tout le corps, l'espace de quarante heures, ensuite de quoi elle revint sans se souvenir en aucune manière de tout ce qui s'était passé, et elle avait de la peine à parler parce que dans les mouvements convulsifs elle s'était mordu la langue, laquelle était devenue fort enflée.

On lui donna des eaux cordiales avec la confection d'hyacinthe et d'alkermes sans musc, même quelquefois un peu de thériaque dans le travail.

Après qu'elle fut accouchée, les premiers jours on étuvait les orifices et le col de la matrice à cause de la pourriture, et l'on y faisait des injections faites en la manière que j'ai déjà dite, avec du vin blanc et l'aristoloche ronde avec le sucre ; mais avant que de me servir de cette lotion, j'étuvais la malade avec de l'eau marine, c'est-à-dire de l'eau et du sel, que j'ai trouvée très bonne en pareilles occasions et de laquelle on peut se servir utilement quand il y a de la fièvre.

Les parties étaient toutes meurtries et écorchées et, les escarres étant tombées, nous nous servîmes de l'eau dans laquelle on avait fait bouillir l'orge, le cerfeuil et l'aigremoine, de laquelle décoction on étuvait l'accouchée sept ou huit fois le jour.

On lui fit des fomentations sur le ventre faites de mauves, guimauves, pariétaire, matricaire et absinthe en pareille quantité, en y ajoutant demi-livre de graine de lin, que l'on appliquait chaudement sur le ventre.

Tout nous réussit si bien qu'étant en santé elle devint grosse peu de temps après, et elle accoucha toute seule, c'est-à-dire sans sage-femme, d'un second enfant; mais l'étant devenue pour la troisième fois, elle tomba malheureusement dans le même accident qu'au premier et, n'ayant pas été secourue assez promptement par un chirurgien qui s'y trouva et qui l'abandonna au besoin, cette pauvre demoiselle mourut. Il est vrai qu'on m'y avait mandé après cet abandon, mais j'y arrivai trop tard pour la secourir et je n'y fus pas assez à temps pour lui faire la section césarienne, pour donner le baptême à l'enfant, c'est-à-dire pour l'ondoyer, et je la trouvai morte et l'enfant aussi, soit par les efforts que la mère avait faits dans ses convulsions, ou par l'abondance du sang qu'elle avait perdu, ce qui ne lui était pas arrivé au premier enfantement. Je l'ouvris, et je trouvai toutes les parties admirablement belles et je ne pus attribuer la cause de la mort de la mère et de l'enfant qu'à la perte du sang.

Je ferai ici une remarque par occasion, qui est considérable et dont j'ai déjà parlé dans l'observation dixième : savoir, que la vessie cause bien souvent des douleurs dans les accouchements, dont on ne connaît pas la cause, laquelle vient de la rétention de l'urine qui est dans la vessie laquelle, étant pleine, s'affaisse sur le vagin et bouche l'orifice de la matrice et empêche la sortie de l'enfant, et, de plus, la vessie se trouvant pleine et comprimée par la tête de l'enfant, elle cause de cruelles douleurs à la malade, ce qu'on peut empêcher par le moyen de la sonde qu'on porte dans la vessie, comme j'ai fait avec heureux succès, à l'égard de deux demoiselles, qui demeuraient dans la rue Quincampoix, dont l'une était dans de terribles convulsions et lui ayant vidé de la vessie plus de quatre livres d'urine, dans le moment que la vessie fut évacuée, les douleurs cessèrent et elle accoucha trois heures après, sans que les convulsions la reprissent ; mais elle ne laissa pas de mourir cinq jours après avoir accouché sans aucune connaissance et elle mourut d'un abcès au cerveau, dont l'os *petrus* était altéré. L'autre demoiselle avait de cruelles douleurs et, son travail n'avançant pas, je portai la sonde et vidai les urines, et ses douleurs s'apaisèrent pour trois ou quatre heures, dans lesquelles elle n'en eut que cinq ou six, dont elle accoucha fort heureusement et sans incommodité.

Obs. 45. — *De l'accouchement d'un enfant qui présentait la tête appuyée contre l'os pubis de la mère.*

Un jeudi 26ᵉ jour du mois de mai 1672, je fus appelé à une heure après midi ou environ pour voir une demoiselle qui souffrait de grandes douleurs en la région des reins. L'ayant touchée, je sentis que les eaux se formant dans les membranes et les grossissant, ces eaux les poussaient hors des orifices de la matrice et, comme la malade souffrait de grandes douleurs, je la priai de se faire saigner ; ce qu'elle fit.

Cependant, les douleurs redoublant de plus en plus, je dis à la sage-femme de se donner patience parce que l'enfant était bien tourné, qu'il fallait laisser faire la nature et que les premiers accouchements étaient ordinairement les plus longs.

Or, cette demoiselle était fort faible, de petite complexion, bilieuse et boiteuse.

Ayant observé toutes ces choses, je m'en retournai ; mais sur les sept heures du soir, la sage-femme m'envoya prier de revenir parce que c'était un accouchement secret.

La garde me dit qu'elle croyait que la malade était en très mauvais état et en danger de perdre la vie, cette demoiselle étant en convulsions et sans aucune connaissance. Je portai ma main aux parties ; je sentis l'enfant qui présentait la tête appuyée, comme j'ai dit, contre le *pubis* de la mère, laquelle manquait de forces pour un si rude travail.

Je graissai mes doigts avec du beurre, je les glissai doucement dans les orifices et je poussai cette tête sans beaucoup de difficulté parce qu'il y avait une grande quantité d'eaux contenues dans les membranes de l'arrière-faix, lesquelles n'avaient pas encore été évacuées.

Je dilatai avec mes doigts les orifices et je les introduisis dedans pour repousser cette tête, que je fis enfin rentrer dans le fond de la matrice qui commençait déjà à entrer dans le vagin ; après quoi j'allai chercher les pieds de l'enfant ; mais ayant rencontré une main, je la détournai et je trouvai un genou. Je suivis la jambe jusqu'au pied que j'amenai au passage et, versant de l'eau sur ce pied, j'ondoyai l'enfant ; puis je pris un linge délié et fort doux, dont j'enveloppai la jambe de cet enfant. Je le tirai, après avoir bien observé et empêché que l'autre pied ne vînt en travers, et ainsi l'enfant fut tiré sain de toutes ses parties. C'était une fille, qui a vécu. Après cela je délivrai la mère d'un arrière-faix fort gros.

On remarquera qu'elle ne fut pas plutôt accouchée qu'elle revint de son assoupissement et de son délire, sans savoir néanmoins ce qui s'était passé dans son travail.

Cette demoiselle se porta fort bien et il ne lui restait aucune marque d'avoir eu des convulsions, qu'à la langue qu'elle s'était coupée avec les dents, pendant qu'elle était agitée de ces mouvements convulsifs.

Je laisse à MM. les médecins à nous dire ce qui peut causer de semblables convulsions, l'enfant n'étant point mort et n'y ayant aucune pourriture dans la matrice.

Notre accouchée se porta fort bien, sans qu'il lui soit arrivé aucun accident considérable durant ses couches.

Je veux croire que les urines qui sont dans la vessie y peuvent beaucoup contribuer, car j'ai vu plusieurs femmes dans pareilles occasions, dont la vessie se trouvant pleine leur causait d'extrêmes douleurs, même jusqu'à retarder leur accouchement; mais la vessie ayant été évacuée avec la sonde, elles ont accouché sans beaucoup de peine. Cela peut venir de la compression et distension de la vessie, qui est une partie membraneuse, et par conséquent sensible, et à cause de la communication de ses parties nerveuses qu'elle a avec le cerveau et l'estomac.

Après que cette demoiselle fut accouchée et délivrée, nous lui donnâmes une potion faite du jus de trois ou quatre oranges aigres, une once d'huiles d'amandes douces, avec deux onces de sirop de capillaire, et deux heures après on lui donna un bouillon, et dans les intervalles de ses bouillons on lui touchait à la langue avec du miel rosat jusqu'à sa parfaite guérison, lui faisant user d'un gargarisme fait d'une poignée d'aigremoine, de sommités de ronces, avec une once de sirop de roses sèches et une drachme de cristal minéral, sur une livre de cette décoction, qui nous fit un effet merveilleux. Notre

malade se porta de mieux en mieux, et releva en parfaite santé.
Je ne parle pas des lavements qui n'y furent pas épargnés pendant
tout le cours de sa couche, et dans le travail, en ayant parlé ailleurs.

L'observation X concerne une primipare, atteinte de prolapsus utérin.

OBS. 10. — *De l'accouchement d'une femme, en laquelle il ne
paraissait aucune partie de la femme, qu'une tumeur de la
grosseur d'un ballon entre les deux cuisses, l'enfant dedans,
au lieu des parties naturelles de la femme.*

Un jeudi, 14e jour de janvier 1666, une sage-femme fut appelée à
un accouchement dans la rue des Marmousets. Comme elle eut
porté ses doigts aux parties de la malade afin d'examiner le travail,
elle ne sentit aucune marque d'orifice externe ni interne, mais une
tumeur prodigieuse de la grosseur d'un ballon, d'une circonférence
ronde et très grande, sans forme ni figure des parties naturelles de la
femme.

La sage-femme alors demanda de la lumière pour examiner plus
particulièrement ce qu'elle avait senti et elle jugea que c'était un renversement du vagin et de toutes ses parties, avec un relâchement de
tous les ligaments de la matrice.

Elle apprit d'une demoiselle voisine qui était là, qu'il y avait déjà
une sage-femme qui, ayant vu la malade en cet état, l'avait abandonnée sans rien dire. Alors la sage-femme demanda du secours et ayant
été appelé je visitai les parties de la malade et reconnus que ce que
la sage-femme avait dit était vrai.

J'observai une fente de la grandeur d'une demi-ligne, d'où il cou-
lait une espèce de sérosité ou humeur muqueuse. Je crus que ce
devait être là l'orifice interne de la matrice.

Cette tumeur était aussi unie que le fond de la forme d'un chapeau qui serait ronde dans son fond, et la fente dont j'ai parlé était
au milieu de cet endroit, où nous remarquâmes une place blanche,

polie, lisse, y reconnaissant du poil aux environs. Le corps de la matrice s'était affaissé par le renversement qui s'était fait de son col.

Je demandai à la malade si elle n'avait point eu d'autres enfants. Elle me répondit que c'était sa première grossesse. Je lui demandai encore si pendant sa grossesse elle ne s'était point efforcée à lever quelque fardeau, ou si elle n'avait point eu de grand rhume et si elle n'avait vu paraître rien de semblable pendant sa grossesse. Elle me dit que non, et que cette tumeur n'avait paru que du jour précédent et qu'elle lui était survenue après quelques douleurs qu'elle avait souffertes en s'efforçant et que toutes ces parties étaient venues de la sorte, avec de cruelles douleurs, qu'elle avait fait ce qu'elle avait pu pour venir à bout de la réduire. Je lui demandai encore si, avant que d'être mariée, elle ne se sentait aucune incommodité en ces parties. Elle me répondit que depuis qu'elle se connaissait, elle s'était toujours aperçue qu'elle avait une relaxation de la matrice et que, toutes les fois qu'elle s'était relâchée, elle l'avait remise elle-même avec facilité; mais que depuis sa grossesse elle ne s'était point relâchée, sinon du jour qu'elle m'avait marqué, ce qui était, selon toutes les apparences, lorsque la nature fit un effort pour se disposer au travail de l'enfantement et que cette relaxation était le fait d'une grande douleur qu'elle avait sentie.

Tout cela me fit juger que cet accouchement serait épineux et que je ne devais pas l'entreprendre sans conseil. M. Moreau, docteur régent de la Faculté, ancien doyen et professeur royal, à présent premier médecin de notre grande princesse Mme la Dauphine, y fut appelé.

Cela me donna beaucoup de joie parce que j'avais eu l'honneur de travailler sous lui l'espace de treize années dans l'Hôtel-de-Ville de cette ville.

Je me trouvai plus hardi, étant appuyé de sa présence et de son conseil. Il jugea que cette maladie était très délicate. Il me tira à part et la sage-femme aussi et, après avoir entendu nos sentiments, il nous dit qu'il fallait que la malade donnât premièrement ordre à sa conscience et qu'après on tâcherait de l'accoucher, ce qu'elle fit.

Nous demeurâmes d'accord qu'on introduirait le bouton d'un petit stylet d'argent, en façon de sonde, à l'endroit où l'on voyait couler cette humeur muqueuse dont j'ai parlé et que par le moyen de cette sonde on tâcherait de faire une petite dilatation, pour me donner le moyen d'introduire l'extrémité de mon doigt *index*, ce que je ferais avec le plus de douceur qu'il me serait possible, dilatant ensuite l'ouverture, pour pouvoir y en pousser un second et, après, un troisième afin d'en former une espèce de *speculum matricis* plus naturel que le le fer.

Je dis, outre cela, qu'il fallait considérer qu'il n'y avait point de danger à dilater doucement avec mes doigts cet orifice interne qui paraissait, puisque les douleurs qui poussant les eaux et ces eaux les membranes, dilatent les parties, préparent le travail et font passage à la tête de l'enfant, et qu'en faisant cela c'est toujours imiter la nature.

M. Moreau approuva mon dessein et le jugea fort à propos. Mais avec toute notre industrie, nous n'avançâmes l'ouverture de cet orifice que de la grandeur d'un écu blanc.

Je remarquai que cet orifice n'était que de l'épaisseur de trois lignes et nous jugeâmes à propos de laisser reposer la malade, qui sentait de cruelles douleurs, lesquelles lui étaient causées par l'extension de toutes ses parties et pour nous reposer aussi de notre travail, que nous n'avions point discontinué depuis les quatre heures du matin jusqu'à environ les sept.

Nous laissâmes donc la malade entre les mains de la sage-femme, seulement pour l'observer; nous y retournâmes sur les huit heures.

La sage-femme nous dit que les douleurs pour l'accouchement étaient augmentées sans produire aucun effet, parce que la parturiente n'avait ni le *pubis* ni le *coccyx*, pour la soutenir à l'extraction de l'enfant et qu'au contraire l'extension des membranes empêchait la douleur de faire son effet et qu'une douleur faisait passer l'autre, ou peut-être la douleur que les urines contenues dans la vessie lui pouvaient causer, y ayant longtemps qu'elle n'en avait vidé.

M. Moreau, ayant considéré les forces de la malade, conclut à l'opération et me dit qu'il ne fallait point différer.

Je commençai donc à dilater avec mes doigts l'orifice interne de la matrice, ce que je fis avec un heureux succès, de même que si on ouvrait une bourse fermée, avec des cordons serrés un peu plus fort qu'ils ne doivent être.

J'introduisis deux de mes doigts de l'une et de l'autre main aux parties latérales de l'ouverture que j'avais faite, en la dilatant doucement et, l'ayant passablement ouverte, je représentai à M. Moreau et aux assistants qu'il ne nous devait pas importer qui ferait cette ouverture, ou les membranes et les eaux, ou la tête de l'enfant, ou mes doigts, et que puisque ni les eaux, ni la tête de l'enfant ne pouvaient la faire, il n'y avait nul risque qu'elle fût faite par mes doigts.

J'opérai donc de cette sorte et les douleurs venant ensuite, et les efforts de la mère les secondant, je commençai à bien espérer et, en effet, dans le moment de cette ouverture, les membranes et les eaux se firent place et descendirent dans l'espace que j'avais ouvert; puis une douleur survenant et l'enfant aidant à la mère qui poussait alors vertement, toutes ces choses ensemble eurent un si bon succès, que la seconde douleur nous amena une fille que je reçus.

Cela fait voir que bien souvent on a tort d'imputer aux sages-femmes la cause de la mort des accouchées, comme ayant donné quelque coup d'ongle à la matrice ou à ses parties. Car si les accouchées meurent quelquefois, ce n'est point par cette raison, mais à cause de la mauvaise disposition de leurs parties molles, comme par quelque humeur maligne, érugineuse ou corrosive. Ce qui pourrait arriver de la part de la sage-femme, ce serait, si elle venait d'accoucher quelque femme infectée, qu'elle pourrait porter le venin avec ses doigts et être la cause innocente de la perte de la femme qu'elle accoucherait ensuite.

Dans le moment que je reçus l'enfant, je tirai l'arrière-faix et aussitôt je repoussai la matrice dans l'hypogastre en mettant mes doigts en forme de peloton fléchis dans ma main, que je poussai au fond de la matrice, bien délicatement, et par ce moyen toutes les parties de la femme se remirent dans leur état naturel.

Après cette réduction faite, je mis un linge dans la bouche de la matrice et ayant situé la femme dans une situation convenable, je lui mis la tête basse et un oreiller roulé entre et dessous les deux genoux, comme nous le devons pratiquer à l'égard de toutes les accouchées.

Après avoir situé mon accouchée, je lui fis couvrir son sein avec un linge en plusieurs doubles et on mit dans le premier double du cordon bien cardé, afin de le tenir chaudement pendant tout le temps de sa couche et même tant qu'une femme a du lait, et toutes ses parties ayant été bien remises, je mis un bandage circulaire à l'entour du corps et du ventre de l'accouchée. Ce bandage doit avoir la longueur convenable pour bander la femme. Sous ce bandage on mit une compresse triangulaire sur la région de la matrice et de la vessie et un autre en carré, afin qu'elles continssent les parties, les réchauffassent et aidassent à l'expulsion des vidanges.

Cela étant fait, M. Moreau lui ordonna un aposème composé du jus de trois oranges aigres, avec deux onces d'huile d'amandes douces et deux onces de sirop de capillaire, le tout en deux prises et tous les jours on lui donnait des lavements doux, rafraîchissants et anodins.

Ses vidanges s'écoulèrent de la meilleure manière du monde et la malade se porta si bien que le huitième jour de sa couche elle se leva et étant allé lui rendre visite, je la trouvai assise au coin de son feu en parfaite santé. Elle se porte encore admirablement bien, mais elle n'a point eu d'autres enfants. La fille, dont elle accoucha, a vécu jusqu'à l'âge de deux ans.

Je ne dois pas manquer de dire qu'on étuvait la partie de la malade tous les jours avec la décoction d'orge et de cerfeuil, comme je l'ai fait remarquer, et ses vidanges étant passées, on l'étuvait d'eau de myrthe, qui est très souveraine et qui resserre et rafraîchit beaucoup.

Obs. 76. — *De l'accouchement d'une femme, morte deux heures après être accouchée, par l'éversion ou renversement du fond de la matrice.*

Un jeudi, 25ᵉ jour du mois de septembre 1681, je fus appelé pour faire l'ouverture du corps d'une dame, qui demeurait en la rue aux Fèvres, près Saint-Germain-le-Vieil, du corps de laquelle je fis la visite et n'y trouvai aucune chose qui fût défectueuse, sinon qu'un espace vide à la région ombilicale, qui me fit connaître que cette femme avait dû être sujette à une exomphalose, n'ayant trouvé autre chose extérieurement sur son corps qu'une élévation considérable, à deux travers de doigt du cartilage *xiphoïde*, de la grosseur d'un pain de deux livres. Ne reconnaissant autre chose, je demandai si elle était morte longtemps après son accouchement. On me dit qu'elle était morte le même jour, sur les huit heures du soir, et que l'accouchement était d'un premier enfant ; qu'elle avait beaucoup souffert avant que d'accoucher, pendant deux jours, avec des efforts qu'elle faisait très violents ; qu'enfin, elle était accouchée fort heureusement et qu'on n'avait pas eu de peine à avoir son arrière-faix, ce que j'ai peine à croire parce que sans cela le renversement de la matrice ne se serait pas fait, quoique j'eusse vu et visité l'arrière-faix et que je l'eusse trouvé entier ; mais bien qu'en voulant tirer l'ombilic et l'arrière-faix se trouvant fort adhérent, cela pouvait avoir causé l'éversion de la matrice, dont je parlerai ci-après, et l'enfant se portant bien.

La sage-femme ayant vu la malade tomber en syncope, et la voulant toucher, sentit quelque chose d'extraordinaire et demanda du conseil.

Un chirurgien fut appelé, lequel avait fait son possible ; quoiqu'accoucheur et ne pouvant pas remettre les parties, il y avait renoncé ; il dit alors à la malade qu'il fallait qu'elle se confessât. La malade lui ayant demandé quand elle le ferait, il lui fit réponse qu'il le fallait faire incessamment, parce qu'il la trouvait en état de mourir.

Je puis inférer par ces paroles, qu'une femme venant de beaucoup souffrir, se sentant faible et s'entendant prononcer un tel arrêt avec témérité, elle doit être surprise parce qu'on l'est bien à moins, en ce que les plus hardis craignent bien la mort, et que cette dame la pouvait d'autant plus craindre qu'elle se trouvait surprise, et après tant de maux qu'elle venait de souffrir, n'y ayant pas de douleurs plus sensibles que celles de l'accouchement.

Elle demanda à voir son enfant, ne sentant aucun autre mal qu'un vomissement. Cependant, à peine se fût-elle confessée, qu'elle mourut, ayant toujours eu son esprit fort agité, dans l'appréhension où elle était de la mort. C'est le rapport qui m'en a été fait par plusieurs personnes qui la virent mourir.

L'ayant trouvée morte, je fis mon incision cruciale, commençant entre les deux clavicules, le long du *sternum* jusqu'au *pubis* et d'un lombe à l'autre, à travers de la région ombilicale. Je séparai les téguments, les muscles de l'hypogastre et le péritoine. Examinant toutes les parties du bas-ventre de ce corps mort, je n'y reconnus aucune indisposition qui lui pût avoir causé la mort, n'ayant seulement que l'estomac plein de ventosités et fort élevé.

Je visitai la poitrine et toutes ses parties, et ensuite celles du ventre inférieur. Son foie se trouva très beau ; ses reins, sa rate, ses intestins de même ; aucun viscère altéré, ne reconnaissant aucune altération en eux.

Ensuite, ayant considéré les parties externes de la vulve, je ne remarquai rien au-dessus du *pubis*, au clitoris, ni à l'urèthre ; mais à l'entrée du col de la matrice, en la partie inférieure, un déchirement avec fraction, d'environ deux travers de doigt, ce qui arrive souvent aux premiers enfantements. Pour lors, je glissai deux de mes doigts dans le vagin ou col de la matrice jusqu'à l'orifice interne ; je sentis à leurs extrémités un corps assez solide, tirant un peu sur le mollasse, vers la partie postérieure du vagin ; ce qui me donna à juger que ce pouvait être le dedans du fond de la matrice.

Il ne se trouva aucunes urines qui fussent contenues dans la vessie ; je remarquai seulement que toutes ses parties étaient fort étendues. Pour lors, je voulus faire voir d'où venait la cause de la mort de cette femme et ce qu'il y aurait eu à faire pour la sauver.

Je portai mes doigts à l'entrée de l'orifice externe de la partie de la femme dans le vagin, où je sentis l'orifice interne ou bouche de la matrice, qui était rond et gros comme un pain de deux livres et comme le fond de la forme d'un chapeau qu'on aurait enfoncée ou renversée, dont les côtés faisaient une éminence tout à l'entour, et ce fond ressemblait à une calotte. Je remis cet orifice interne avec ma main, après en avoir fait connaître la situation, en repoussant le fond de cette matrice et, par ce moyen, toutes ses parties reprirent leur état naturel. Ce qu'ayant fait, je séparai la matrice avec toutes ses parties, afin de la mieux examiner, les ayant séparées, je la mis sur un linge, dessus une table, pour en faire l'ouverture en présence de tous les assistants.

Je mis la matrice en sa situation naturelle ; je fis la démonstration de toutes les parties qui composent l'orifice externe, comme sont le clitoris, les lèvres, l'urèthre, les nymphes, la fourchette et l'entrée du vagin.

Après que j'eus satisfait à la curiosité de ceux et celles qui étaient présents, je pris mes ciseaux, avec lesquels je fis l'ouverture du vagin latéralement, pour ne pas ouvrir la vessie.

L'ayant ouverte, je leur fis considérer qu'il y avait quelque lividité qui pouvait provenir par la fraction de la tête de l'enfant et non par la sage-femme qui en avait fait l'opération.

Je leur fis remarquer l'endroit où l'inversion s'était faite et jusqu'où elle était descendue dans le vagin.

Après cette ouverture, je fis celle de la vessie, que je trouvai fort belle, et il n'y paraissait rien de fâcheux que la violente extension qu'elle avait soufferte et qui pouvait bien être la seule cause du vomissement par la communication qu'elle a de ses nerfs avec l'estomac et le cerveau. Après cette ouverture, j'observai l'orifice interne en toutes ses parties, pour m'éclaircir de ce que j'ai remarqué dans mon observation 75, sur un relâchement qui se fait en cet orifice, auquel on sent bien souvent comme une membrane de l'épaisseur d'environ deux lignes, laquelle cause bien souvent la mort à des femmes, par l'imprudence des chirurgiens et des sages-femmes malentendus ; mais cette membrane ne se reconnaît pas toujours à toutes les femmes et c'est pour cela qu'on y doit bien prendre garde, parce qu'on croirait prendre les membranes de l'arrière-faix et on prendrait la membrane de cet orifice, ce qui arrive bien souvent avec des sages-femmes maladroites qui, lorsqu'elles croient avoir laissé quelques portions de membranes du *placenta* et les voulant aller chercher, prennent bien souvent celles-ci pour celles de l'arrière-faix, le déchirent et causent de grandes douleurs à la malade et la font bien souvent mourir, manque de connaissance ; cela peut être bien souvent une cause de stérilité ou de pertes de sang, parce que cet orifice, étant déchiré, il ne saurait retenir les semences et par ce moyen empêche la génération.

Cette membrane est forte de l'épaisseur de deux lignes et elle se trouve en celle-ci d'une couleur d'écorce de châtaigne, par toute sa circonférence. Après l'avoir exactement considérée, je coupai cet orifice et le corps de la matrice, que je trouvai de l'épaisseur d'environ quatre à cinq lignes, blanche partout, à la réserve de l'endroit où l'arrière-faix avait été adhérent. Il n'y avait pas la moindre chose de blessé en cette partie, si ce n'est une portion de membrane collée aux parties latérales, comme le serait une peau de canapin mouillée, que je séparai facilement, de la largeur des deux mains; mais cela n'est rien, car il n'en peut arriver aucun accident, comme j'ai dit ailleurs. Je trouvai la matrice plus épaisse, lorsque j'approchai l'endroit où avait été attaché l'arrière-faix, et plus épaisse que partout ailleurs; aussi l'enfant tire par là toute sa nourriture.

Cette observation servira d'avertissement aux femmes, de faire un bon choix des personnes qu'elles choisiront pour leur donner le secours nécessaire et de prendre garde qu'elles soient parfaites dans la connaissance et la pratique des accouchements; et si on eût remis la matrice dans le moment qu'elle fut versée ou renversée, elle n'en serait pas morte.

Observateur fidèle de la nature, exempt de toute idée pré-
conçue, Portal s'est élevé en cela au-dessus de son époque, et
a certainement contribué à transformer l'obstétrique. Son œuvre,
essentiellement clinique et scrupuleusement vécue, empreinte
de bonhomie souvent amusante, peut encore être lue avec fruit
et mérite de rester.

Pour ne parler ici que de ce qu'elle a de particulièrement personnel, nous conclurons :

Il a donné de très bonnes règles pour l'exploration.

Le premier, il a affirmé que les présentations de la face
devaient être en général abandonnées à la nature et se terminer
spontanément.

Le premier aussi, il a préconisé la version podalique avec
extraction de l'enfant au moyen d'un seul pied.

Il a indiqué l'écoulement du méconium comme étant un signe
important de la présentation du siège.

Il a admis que l'insertion placentaire pouvait se faire en tous
les points de la cavité utérine, reconnu le placenta prævia, et a
su lui rattacher certaines hémorrhagies graves survenant dans
les derniers mois de la grossesse.

Enfin, il a donné de la môle une figure et une description
vraiment remarquables.

TABLE DES MATIÈRES

IMPRIMERIE A.-G. LEMALE, HAVRE

IMPRIMERIE A.-G. LEMALE. HAVRE